ЯНА ДАРСИ
EX-**IELTS** EXAMINER

Другие об этом не пишут

IELTS
БЕЗ МИФОВ

SPEAKING & WRITING

ВАНКУВЕР 2020

© Текст. Яна Дарси, 2019
© Дизайн обложки. Яна Дарси, 2020
© Оформление и верстка. Анна Зубрицкая, 2020
© Графические элементы. Анастасия Зарусская, 2020

Печатается в авторской редакции.
ISBN: 978-1-7771019-2-3

If you always do what you've always done, you'll always get what you've always got.

~ Jessie Potter ~

СОДЕРЖАНИЕ

СОДЕРЖАНИЕ

ДЛЯ КОГО ЭТА КНИГА

Мне очень не нравятся долгие предисловия в книгах, поэтому избавлю вас от ненужной воды и сразу перейду к сути. Книга «*IELTS без мифов: Speaking & Writing*» написана бывшим экзаменатором IELTS и содержит в себе только проверенную информацию об этом экзамене. Никаких мифов и легенд. Никакого гадания на кофейной гуще. Только то, что действительно поможет вам узнать главное: как получить нужный балл за разделы Speaking & Writing.

Почему речь пойдет только о двух разделах, хотя их четыре? Никакой личной неприязни к Listening & Reading у меня нет, а причин такого избирательного интереса несколько:

1. Именно Speaking & Writing вызывают у русскоязычных студентов наибольшие трудности.

ДЛЯ КОГО ЭТА КНИГА

2. Экзаменаторы проверяют и выставляют оценки за Speaking & Writing, но не имеют отношения к Listening & Reading.

3. Их помощь является особенно ценной в подготовке к разделам Speaking & Writing, так как они точно знают, что именно влияет на оценку.

4. В отношении Speaking & Writing существует колоссальное количество мифов, которые мешают кандидатам успешно сдать эти разделы.

«*IELTS без мифов*» для вас, если вы:

- хотите избежать ошибок во время подготовки к IELTS;

- запутались в многообразии противоречивой информации;

- не получили нужный балл и не знаете, в каком направлении двигаться дальше;

- уверены, что все делаете правильно, и не понимаете, почему вам постоянно занижают оценку;

- стабильно получаете 7+ баллов за Listening & Reading, но не можете получить выше 6.5 за Writing или Speaking;

- готовите студентов к сдаче IELTS и ищете достоверную информацию о подготовке к экзамену и критериях оценки;

- из любви к искусству хотите получить 8.5–9 баллов.

Прочитав «*IELTS без мифов*», вы узнаете:

- что мешает вам успешно сдать IELTS, даже если вы бросили все силы на подготовку;

- чем опасны шаблоны и схемы при написании эссе;

- о чем говорить во время Speaking Test, когда нечего сказать;

- кто может получить 9 баллов;

- объективна ли оценка, занижают ли баллы, и есть ли коррупция в тест-центрах.

Некоторые сведения, к которым получают доступ экзаменаторы, являются конфиденциальными, поэтому я не смогла рассказать обо всем. Однако даже та информация, которая вошла в книгу, значительно ускорит процесс вашей подготовки к экзамену и приблизит вас к цели.

Обратите внимание, что «*IELTS без мифов*» — это не учебник по подготовке к IELTS и не всеобъемлющий самоучитель по всем разделам. Это дополнение к остальным материалам и занятиям с преподавателем, но не замена им.

ОБ АВТОРЕ

Приветствую вас, дорогой читатель! Спасибо, что приобрели эту книгу. Если мы уже знакомы виртуально, я очень рада, что теперь у нас будет еще одна точка пересечения. Если нет, это отличный повод познакомиться.

Меня зовут Яна Дарси, и я очень давно живу в Канаде. В течение 15 лет я преподавала английский язык (но это уже в прошлом), а в 2017 году стала IELTS Speaking & Writing Examiner. Знания, которые я получила во время тренинга для экзаменаторов, позволили мне понять, по каким правилам играет IELTS и из чего складывается ваша оценка. За время работы экзаменатором я проверила тысячи заданий Writing и провела более пятисот тестов Speaking, что дало мне возможность проанализировать самые распространенные ошибки кандидатов, в том числе те, которые становятся препятствием на пути к нужному баллу.

10 лет назад я с энтузиазмом, хотя и не долго, занималась подготовкой студентов к IELTS. Тогда я считала, что делаю

это весьма эффективно, и только став экзаменатором, я поняла, что не все, чему я их учила, соответствует действительности. Что-то было избыточным. Что-то нужно было делать по-другому. Мои студенты добились своей цели, но я подозреваю, что если бы тогда у меня была информация, которая есть сейчас, результаты были бы еще лучше. В их случае в этом не было необходимости, но иногда 0.5 балла решают все. Как это произошло со студентом, историю которого вы прочитаете в следующей главе.

СТУДЕНТ, КОТОРЫЙ СДАВАЛ **IELTS** 20 РАЗ

В сентябре 2019 года в школу Jump In обратился студент (назовем его Марк). Он поставил перед собой цель иммигрировать в Канаду, и ему, как и многим, были нужны заветные баллы 8777. Штатная ситуация. Как говорится, «ничто не предвещало». До тех пор, пока в нашей переписке не выяснилось, что за последние три года Марк сдавал IELTS 20(!) раз, и каждый раз ему не хватало баллов либо за Writing, либо за Speaking.

Марк оказался не только очень мотивированным студентом, но и чрезвычайно организованным: все свои попытки он запротоколировал в таблице. Для наглядности я выделила в этой таблице оценки ниже 7 баллов за Writing & Speaking.

Как видите, за раздел Writing, за исключением двух случаев, Марку ни разу не удалось получить больше 6.5 баллов: его результат был стабильным, но недостаточ-

Attempt	Listening	Reading	Writing	Speaking	Overall	Date of Exam
20	8.5	7	6.5	6.5	7	15/09/2019
19	8	6	6.5	6.5	7	04/08/2019
18	7.5	8.5	6.5	8.5	8	29/06/2019
17	7	7	6.5	8	7	01/06/2019
16	7.5	7.5	6.5	7	7	11/05/2019
15	8	8.5	7	6.5	7.5	06/04/2019
14	7.5	7	6.5	6.5	7	23/03/2019
13	6.5	6	6.5	7	6.5	19/01/2019
12	7.5	8.5	6.5	7.5	7.5	01/12/2018
11	8.5	6.5	7.5	7	7.5	08/09/2018
10	8.5	6	6.5	7	7	07/07/2018
9	8	8	6.5	7	7.5	30/06/2018
8	6.5	7	6.5	7	7	24/05/2018
7	6	6.5	6	7	6.5	20/01/2018
6	6.5	7.5	6	7	7	02/12/2017
5	7.5	6.5	6	6.5	6.5	28/10/2017
4	6	6	5.5	7	6	24/06/2017
3	7	5.5	5	7	6	13/05/2017
2	6	8	6.5	5.5	6.5	11/02/2017
1	6	6.5	5.5	7	6.5	10/12/2016

ным. Можно даже сказать, стабильно недостаточным. С разделом Speaking ситуация оказалась еще более запутанная и нестандартная: семерки после нескольких лет вдруг превратились в 6.5, а уж что витало в воздухе в июне 2019 года, совершенно непонятно: там промелькнули 8 и 8.5 баллов! Семь раз Марк подавал на апелляцию. Один раз ему повысили балл за Speaking с 6 до 6.5, и один раз за Writing — также с 6 до 6.5. В остальных случаях оценку оставили без изменений. В своей практике я таких загадочных случаев еще не встречала.

Мне стало обидно за Марка: потратить столько времени, денег и усилий, и не получить вожделенные 8777! Кроме того, я была чрезвычайно заинтригована этой историей, и мне было интересно в ней разобраться. На борьбу за недостающие полбалла был брошен самый опытный экзаменатор школы Jump In, который провел с Марком 16 занятий...

И что же было дальше?

Чем закончилась эта загадочная история, и что мешало Марку получить нужный балл, вы узнаете в конце книги. А пока вы будете ее читать, я предлагаю подумать над возможными причинами: в процессе чтения вам попадется много подсказок.

СТУДЕНТ, КОТОРЫЙ СДАВАЛ IELTS 20 РАЗ

Caledonian Uni
8:30 - 13:00
70 Cowcaddens Rd
21st November
Speaking 14:00

ЧТО ТАКОЕ **IELTS**

Эта глава будет максимально короткой: фактическую информацию о том, что представляет собой IELTS, легко найти в интернете и ее, к счастью, сложно исказить. Самый достоверный источник информации — официальный сайт IELTS (http://ielts.org). Среди прочего, там вы найдете информацию о структуре экзамена, разнице между paper-based и computer-delivered IELTS, а также требования к выполнению заданий, описание баллов и официальные критерии оценки. Это самый надежный источник информации, в отличие от множества сайтов и блогов, где правда перемешана с фантазиями их создателей. К моему большому удивлению, многие кандидаты пользуются какими угодно ресурсами, но только не официальным, хотя именно там можно найти ответы на большинство вопросов, связанных с подготовкой.

Итак, откуда же есть пошел IELTS? Это чудовище (простите, я хотела сказать детище!) породили три организации: *The British Council, Cambridge English Language*

ЧТО ТАКОЕ IELTS

Assessment и *IDP*. С помощью этого международного экзамена оцениваются четыре навыка владения английским языком: Listening, Reading, Writing & Speaking. На мой взгляд, этот экзамен достаточно объективный, с поправкой на несовершенство мира.

IELTS в основном сдают для иммиграции в Канаду, Новую Зеландию, Австралию, а также для обучения в англоязычных странах. Кроме того, некоторые кандидаты преследуют личные или профессиональные цели. Например, преподаватели, которые занимаются подготовкой к IELTS, сдают этот экзамен, чтобы проверить себя и побывать на месте своих студентов. И все же основных целей две: иммиграция и учеба за границей. Как следствие, существует два модуля IELTS: General Training (далее — GT), который сдают для иммиграции, и Academic, который требуется для поступления в университеты англоязычных стран[1]. Между этими двумя модулями есть как сходства, так и различия, но об этом поговорим немного позже, а пока разберемся, что собой представляет экзамен в целом.

IELTS состоит из четырех разделов (по числу навыков, которые тестируются): Listening, Reading, Writing & Speaking. Первые три раздела сдаются в один день, а Speaking Test могут назначить на любую дату в пределах нескольких дней до или после сдачи остальных трех разделов. На каждый раздел отводится опре-

---

[1] Существует еще один модуль - IELTS Life Skills, но его применение очень ограничено, и в этой книге он не рассматривается.

деленное количество времени: Listening — 30 минут, Reading — 60 минут, Writing — 60 минут, Speaking — 11–14 минут.

В 2018 году появилась возможность выбирать между paper-based и computer-delivered IELTS, однако эта опция доступна пока не везде. Список городов и стран, где есть возможность сдавать computer-delivered IELTS, опубликован на официальном сайте и постоянно обновляется. Разница между этими вариантами IELTS состоит в том, как сдаются Listening, Reading & Writing. Speaking при этом остается неизменным.

Экзамен всегда начинается с раздела Listening. Этот раздел является одинаковым как для модуля Academic, так и для GT. Если вы решили сдавать paper-based IELTS, я рекомендую делать это в тест-центре, где предоставляют наушники. Это гораздо лучше, чем слушать публичную трансляцию аудиозаписей на всю аудиторию, так как снимает проблемы из серии «было плохо слышно» и «сосед начал кашлять».

После Listening начинается раздел Reading. Тексты, которые получают кандидаты, отличаются в зависимости от модуля, но в любом случае тестируют способность внимательно читать и анализировать тексты. В IELTS Academic даются тексты академической направленности — подобные тем, с которыми сталкиваются студенты колледжей или университетов. Тематика этих текстов может быть любая — от описания небесных тел до строения жабр у какой-нибудь экзотической рыбы. Что касается IELTS GT, то тексты будут более короткие и простые, на повседневные темы. Как правило, первые два раздела, Listening & Reading, особых трудностей не представляют. При условии, что ваши аудиочакры раскрыты и вы привыкли много читать, вы наверняка получите нужный балл.

Далее на очереди — Writing. На этом поле полегло немало бойцов. Writing состоит из двух письменных заданий (Task 1 & Task 2) и длится 60 минут. Этот час пролетает молниеносно, поэтому важно заранее научиться укладываться в этот промежуток времени. Типы заданий в Task 1 зависят от модуля, в то время как Task 2 — это всегда и безоговорочно эссе.

Следующая часть развлекательной программы IELTS — Speaking. Этот раздел принимает живой человек, а не компьютер, что, на мой взгляд, является одним из плюсов IELTS. Speaking Test длится 11–14 минут и состоит из трех частей, каждая из которых логически переходит в следующую. Speaking сдается отдельно от первых трех разделов: вам заранее назначат время и день. Иногородним кандидатам тест-центры стараются идти навстречу и обычно назначают Speaking на тот день, когда сдаются остальные три раздела.

ОЦЕНКИ, БАЛЛЫ И УРОВНИ

Ч асто можно услышать, что IELTS нельзя не сдать. Действительно, в рамках всемирной истории человечества это так: нет единого проходного балла для всех программ иммиграции и всех учебных заведений. И все же в рамках отдельно взятого кандидата это возможно: каждый приходит на экзамен со своими ожиданиями и целями, и, конечно, лично для себя IELTS можно не сдать. На тот балл, который нужен.

СООТНОШЕНИЕ УРОВНЕЙ CEFR И БАЛЛОВ IELTS

В IELTS используется шкала баллов от 1 (самый низкий) до 9 (самый высокий), при этом вам могут «выдать» половинчатый балл, например, 6.5 или 7.5. Если вы знаете свой уровень владения английским языком по шкале CEFR (Common European Framework of

ОЦЕНКИ, БАЛЛЫ И УРОВНИ

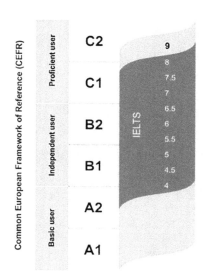

Источник: http://ielts.org

Reference), вы можете **примерно** оценить, на какой балл IELTS в данный момент можете претендовать. Если вы не знаете свой уровень, можно начать с прохождения онлайн-теста — их много в бесплатном доступе в интернете.

Данная таблица демонстрирует соотношение уровней CEFR (от А1 до С2) и баллов IELTS. Хотя шкала IELTS — от 1 до 9 баллов, в этой таблице нет баллов ниже 4. Видимо, это связано с тем, что оценки ниже этого уровня не имеют практического применения в области иммиграции и обучения.

По мнению большинства преподавателей, балл 5.5 соответствует уровню В1, а не В2.

Обратите внимание, что на один уровень CEFR приходится 2–3 балла IELTS. Например, согласно этой таблице, если ваш уровень С1, теоретически вы можете претендовать на балл IELTS 7, 7.5 и даже 8 — в зависимости от того, насколько уверенный у вас С1 (начальный, средний или сильный). На каком этапе каждого уровня CEFR вы находитесь, поможет определить ваш преподаватель: онлайн-тесты такой снайперской точностью не обладают.

| ОЦЕНКИ И OVERALL BAND

Результаты IELTS представляют собой четыре оценки за каждый раздел, а возглавляет их главарь банды, общий балл (Overall Band). Результат может выглядеть так: 8877; 7.5. Первые четыре цифры — это оценки за каждый из разделов в том порядке, в котором их чаще всего сдают, то есть Listening, Reading, Writing, Speaking. Для простоты они часто сокращаются до L, R, W, S. Последняя цифра — это общий балл (Overall Band).

Обратите внимание, что Overall Band — это не строго среднее арифметическое: его округляют до ближайшего 0.5 балла, выше или ниже. При этом если среднее арифметическое заканчивается на .25 или .75, оценка округляется в сторону более высокого балла. Например, если при подсчетах получилось 7.25, Overall Band будет 7.5.

Как вы думаете, каким будет Overall Band в следующих примерах?

	Listening	Reading	Writing	Speaking	Average of four components	Overall Band Score
Test taker A	6.5	6.5	5	7	6.25	?
Test taker B	4.0	3.5	4.0	4.0	3.875	?
Test taker C	6.5	6.5	5.5	6.0	6.125	?

Источник: https://www.ielts.org/ielts-for-organisations/ielts-scoring-in-detail

Что у вас получилось?
Правильные ответы: 6.5, 4; 6.

OVERALL BAND: ОПИСАНИЕ БАЛЛОВ

Официальный сайт IELTS (http://ielts.org) дает достаточно лаконичное описание баллов от 1 до 9, причем «половинчатые» варианты оставлены без внимания. Я расшифрую эту неразговорчивую таблицу и добавлю шаг в 0.5 балла для лучшего понимания. Начну сразу с балла 4: насколько мне известно, более низкие оценки нигде не применимы.

Band Score	Skill Level	Description
9	Expert user	Has fully operational command of the language: appropriate, accurate and fluent with complete understanding.
8	Very good user	Has fully operational command of the language with only occasional unsystematic inaccuracies and inappropriacies. Misunderstandings may occur in unfamiliar situations. Handles complex detailed argumentation well.
7	Good user	Has operational command of the language, though with occasional inaccuracies, inappropriacies and misunderstandings in some situations. Generally handles complex language well and understands detailed reasoning.
6	Competent user	Has generally effective command of the language despite some inaccuracies, inappropriacies and misunderstandings. Can use and understand fairly complex language, particularly in familiar situations.

5	Modest user	Has partial command of the language, coping with overall meaning in most situations, though is likely to make many mistakes. Should be able to handle basic communication in own field.
4	Limited user	Basic competence is limited to familiar situations. Has frequent problems in understanding and expression. Is not able to use complex language.
3	Extremely limited user	Conveys and understands only general meaning in very familiar situations. Frequent breakdowns in communication occur.
2	Intermittent user	No real communication is possible except for the most basic information using isolated words or short formulae in familiar situations and to meet immediate needs. Has great difficulty understanding spoken and written English.
1	Non-user	Essentially has no ability to use the language beyond possibly a few isolated words.
0	Did not attempt the test	No assessable information provided.

Источник: https://www.ielts.org/about-the-test/how-ielts-is-scored

Балл 4. Базовый уровень. Зачастую приходится привлекать язык жестов, чтобы объяснить простейшие вещи.

Балл 5–5.5. Хотя грамматика и лексика сильно ограничены, этого уровня обычно достаточно, чтобы объясниться в большинстве бытовых, простых ситуаций. При этом присутствует множество ошибок и есть проблемы с восприятием на слух.

ОЦЕНКИ, БАЛЛЫ И УРОВНИ

ОЦЕНКИ, БАЛЛЫ И УРОВНИ

Балл 6–6.5 (уровень В2). Как правило, такой уровень требуется для учебы в Канаде и других англоязычных странах. Этот уровень владения языком позволяет неплохо ориентироваться в пространстве, несмотря на достаточно большое количество ошибок. Это абсолютно реальный балл, и на него выходят многие.

Балл 7–7.5 (уровень «между В2/С1 и С1 разной степени уверенности»). С этого уровня начинается свободное владение языком, хотя в обязательном порядке присутствуют ошибки и некоторая ограниченность репертуара. Также случается недопонимание, особенно в незнакомых ситуациях. 7–7.5 баллов представляют собой высокий уровень и **в целом** на русскоязычных просторах встречаются редко. Однако учитывая тот факт, что IELTS изначально сдает более сильная выборка, в 2018 году суммарно эти два балла получили внушительные 32% (IELTS Academic) и 36% (IELTS GT) русскоязычных кандидатов.

Более подробно статистика выглядит следующим образом.

Общий балл 7.0, IELTS Academic: 18%
Общий балл 7.0, IELTS GT: 17%

Общий балл 7.5, IELTS Academic: 14%
Общий балл 7.5, IELTS GT: 19%

Для некоторых программ иммиграции в Канаду нужно получить 8777, и именно на этом уровне начинается битва за баллы и многочисленные попытки сдать IELTS.

Балл 8 (уровень «уверенный С1; между С1/С2»). Свободное владение языком, с небольшими недочетами и незначительными ошибками. Это адекватный результат для преподавателя английского. Приятно, что этот балл в том же 2018 году удалось получить достаточно большому количеству русскоязычных кандидатов: IELTS Academic — 7%; IELTS GT — 12%.

Балл 8.5 (уровень С2). Свободное владение языком, с минимальным налетом шероховатостей, ошибок и «ненатуральности». Кандидаты, которым удается получить такой высокий балл, обычно относятся к одной из двух категорий:

1. Их профессия связана с английским (например, преподаватели, переводчики);

2. Они живут или жили в англоязычных странах.

В 2018 году такую оценку получили 1% и 3% русскоязычных кандидатов, за IELTS Academic и IELTS GT соответственно.

Балл 9 (уровень «блистательный С2»). Общий балл 9 можно получить при условии наличия не более одной восьмерки, например, 9998. Этот балл означает владение английским языком на высочайшем, экспертном уровне. Плохая новость: балл 9 — это запредельные высоты. Простым смертным, изучающим английский и не живущим в англоязычной среде, такая оценка практически недоступна: ее получают менее 0.1% всех кандидатов. Но самое интересное, что даже среди носителей это явление крайне редкое: только 1% получают балл 9!

Во многих источниках говорится, что этот балл соответствует уровню грамотного, образованного носителя. Хотя в официальном описании такие эпитеты отсутствуют, я с этим определением **почти** согласна. Почти — потому что с образованным носителем может сравниться только образованный билингв, оказавшийся в англоязычной среде не позже раннего подросткового возраста.

Тем не менее, балл 9 могут получить не только билингвы, но и те корифеи английского, которые довели свой уровень почти до совершенства. Несмотря на то, что у них существуют лексические пробелы, в силу свободного владения языком они могут сделать так, что о этих пробелах никто никогда не узнает. Эти люди покажут native-like уровень не только в рамках IELTS, но и в подавляющем большинстве жизненных и профессиональных ситуаций. И все же их английский не всесилен: невозможно иметь словарный запас, который набирается с детства, знать все тонкости сленга, термины и мельчайшие нюансы языка, если вы не выросли в англоязычной среде. Впрочем, создатели IELTS и не утверждают, что 9 — это «носительский» балл. Это уровень, когда вы можете, упрощенно говоря, все.

А вот слова «грамотный» и «образованный» очень полезны для понимания того, **что именно** представляет собой балл 9. Они намекают на то, что не очень грамотный носитель получит меньше, чем 9. И это действительно так. Даже в моей практике были случаи, когда я ставила носителям (канадцам, шотландцам и американцам) 6.5 баллов за Writing. Этот удивительный факт может поначалу шокировать, однако если вы вспомните школу, все сразу встанет на свои места. Вряд ли в вашем классе все писали сочинения и диктанты по русскому языку на пятерки. Так же и не все носители английского — мастера писать красиво, правильно и грамотно. 6.5 баллов могут быть обусловлены, например, тем, что кандидат-носитель не понял вопрос, не раскрыл тему или сделал много ошибок.

Носитель может получить меньше, чем 9 баллов, не только за Writing, но также и за Speaking, хотя такие случаи встречаются гораздо реже. Теоретически такое возможно, если кандидат отвечает на вопросы слишком кратко, не демонстрируя всю глубину и ширину своего английского. Или если «зависает» над каждым вопросом и мучительно подбирает слова. Также не гарантированы девятки за Reading & Listening. Одним словом, балл 9 с трудом дается всем! Вас, возможно, удивил тот факт, что носителям тоже приходится сдавать IELTS? Не знаю насчет остальных стран, но Канада любит иногда почудить: в том случае, если носитель преследует иммиграционные цели, он должен сдавать IELTS наравне со всеми.

| 9 БАЛЛОВ: MISSION IMPOSSIBLE?

Напрашивается вопрос, насколько реально получить 9 баллов. Я бы разделила этот вопрос на два:

1. Балл 9 по каждому разделу.
2. Общий балл 9.

9 баллов по каждому разделу

Этот вариант крайне сложно достижим по причине раздела Writing, а точнее, Task 2: у меня складывается впечатление, что обычному человеку практически невозможно получить за эссе 9 баллов. Причем эта участь не минует и носителей — Writing не щадит никого. Это происходит по причине комбинации двух факторов: со стороны кандидатов и со стороны разработчиков IELTS.

Во время тренинга для экзаменаторов мои коллеги-носители были поражены сложностью заданий Writing, в частности, Task 2, и откровенно признавали, что не уверены, что получили бы за эссе выше 8 баллов, особенно принимая во внимание жесткие временные рамки. Я видела около 20 эссе экзаменаторов-носителей, и по анонимной оценке их же коллег, далеко не все из них «тянули» на 9 баллов. Кстати, я совсем не уверена, что если снова пойду сдавать IELTS, всенепременно получу 9 баллов за Writing. Хотя я не считаю, что для того, чтобы правильно выставлять оценки за этот раздел, обязательно нужно получить максимальный балл, такая ситуация наводит на размышления.

Ожидания и требования к эссе на 9 баллов настолько высоки, что, судя по всему, такую оценку в состоянии получить только люди, которые пишут на русском или английском профессионально (писатели, копирайтеры, журналисты, филологи). И при этом, разумеется, имеют великолепный английский.

Для обычных людей написать за 40 минут филигранный, весьма объемный текст, который бы заслужил 9 баллов, практически невозможно. Ну разве что попадется крайне добрый экзаменатор, но это случается обычно один раз и называется везение. Если вы получили 9 баллов за Writing два раза — это значит, что у вас писательский талант, даже если вы об этом пока не догадываетесь.

Ну а тем, кто не относится к спринтерам, которые за 40 минут могут выдать шедевр мировой литературы, остается только смириться и принять, что даже на своем родном языке мало кто пишет блестяще. Писать хорошо — это талант или, по крайней мере, до блеска отполированный навык. Гораздо больше людей способны складно говорить, так что неудивительно, что относительно часто встречаются девятки за Speaking и крайне редко — за Writing.

Общий балл 9

Получить общий балл 9 более реально, хотя тоже очень непросто. Напомню, что такой балл получают около 0.1% всех кандидатов и 1% носителей. Есть небольшая лазейка: можно получить 9 баллов по трем разделам и 8 по одному, и в итоге все равно получится общий балл 9. Я много раз ставила 9 баллов за Speaking не носителям: в отличие от 9 баллов за Writing, такая оценка вполне доступна людям со свободным английским. Если все силы бросить на достижение 9 баллов за Reading, Listening & Speaking и получить 8 за Writing, общий балл это не испортит.

ОЦЕНКИ, БАЛЛЫ И УРОВНИ

ПРОБЛЕМЫ
В СИСТЕМЕ IELTS

До того, как я начала писать эту книгу, мое мнение о системе IELTS было намного лучше. Я имею в виду как сам экзамен, так и процесс контроля экзаменаторов и тест-центров. Если у студентов или кандидатов возникали вопросы, я почти всегда вставала на сторону IELTS. В процессе написания книги я изучала много материалов на эту тему, общалась с сотрудниками тест-центров в нескольких странах, опрашивала студентов. Полученная информация повергла меня в грусть и временами даже в тоску. При ближайшем рассмотрении оказалось, что IELTS гораздо дальше от совершенства, чем я думала.

Проблем несколько. Это и инертность самого экзамена, и его отсталость от жизни, и проблемы с «однородностью» оценок. Есть и другие проблемы, которые не относятся непосредственно к самому экзамену и оценкам, а связаны с манипуляциями результатами, нарушением процедуры проведения экзаменационных сессий в тест-центрах и утечкой конфиденциальной информации. Например, бывает, что списки вопросов Speaking Test, которые в данный момент находятся в использовании, попадают в открытый доступ в интернет. Несмотря на все указания о конфиденциальности материалов и подписанные бумаги о неразглашении информации, экзаменатор вполне может пронести с собой телефон и сфотографировать темы вопросов. То же самое могут сделать и другие сотрудники тест-центра.

Совсем недавно один преподаватель-эксперт IELTS, который активно ведет блог в Instagram, начал публиковать полные списки тем и вопросов Speaking Test, которые используются в данный момент. Сопровождает он их рекламным лозунгом «этих тем нет ни у кого, кроме экзаменаторов». Судя по всему, какой-то экзаменатор в нарушение всех правил фотографирует темы и предоставляет эту информацию либо непосредственно преподавателю, либо через третьи руки. Насколько этичны такие поступки со стороны этого эксперта, решайте сами, но то, что экзаменатор нарушает соглашение о конфиденциальности, очевидно. Возможно, это не экзаменатор, а сотрудник тест-центра, но сути это не меняет.

В итоге, имея в распоряжении темы Speaking, которые используются в данный момент, кандидаты отлично представляют, к чему нужно быть готовым. Некоторые даже заучивают ответы наизусть, что часто приводит к плачевным результатам (более подробно об этом — в главе, посвященной разделу Speaking).

Бывают и другие вариации этой проблемы. В Китае IELTS сдает такое гигантское количество людей, что Speaking Test начинают проводить за несколько дней до основной части экзамена. Это влечет за собой системную утечку информации: темы, которые попались на Speaking Test, кандидаты оперативно скидывают в постоянно обновляемую ленту на известном китайском сайте.

Отдельно стоит сказать о манипуляции результатами. Эта проблема особенно распространена в Индии, откуда в последние несколько лет увеличился поток студентов для обучения в университетах и колледжах Канады. Очень многие студенты из Индии используют канадскую систему образования как формальный этап для последующей иммиграции. В Индии проживает 1.3 миллиарда человек, многие из которых буквально бредят идеей иммиграции в Канаду. Тест-центры прекрасно понимают, что высокий балл за IELTS открывает им эту дорогу — ведь это не только обязательное условие для поступления (кстати, учеба в большинстве случаев этих студентов мало волнует), но еще и дальнейшая возможность получить вид на жительство в Канаде. Пользуясь этим, некоторые тест-центры подтасовывают результаты в пользу кандидатов: за определенную мзду ставят более высокие оценки. Чисто технически, без негативных последствий для тест-центра, оценки гораздо проще завышать, чем занижать, чем они и пользуются.

ОЦЕНКИ, БАЛЛЫ И УРОВНИ

В результате всей этой IELTS-эквилибристики Индия поставляет в Канаду десятки тысяч студентов ежегодно — так, в 2017 году студенческие визы получили 55 тысяч студентов из Индии. Предоставив сертификат IELTS и будучи зачисленными в колледж или университет, они оказываются не способны нормально учиться, так как реальный уровень их английского находится на зачаточном уровне. Это явление приобрело такие масштабы, что в 2018 году руководство Niagara College поставило под сомнение результаты IELTS нескольких сотен студентов, поскольку они не могли общаться на английском и учиться.[2]

Niagara College — один из немногих колледжей, где проявили сознательность в этом вопросе. Многие колледжи только рады возможности заработать и ищут лазейки, как принимать на учебу студентов, которые не смогли получить нужный балл за IELTS. Например, изобретают внутренние входные экзамены английского и целые программы обучения английскому, которые позволяют быть зачисленными в учебное заведение без результатов IELTS. Внутренние экзамены и подобные программы — зачастую просто формальность (сказанное не относится к программе Pathway). Все происходящее катастрофическим образом

---

[2] https://www.thestar.com/news/canada/2018/12/08/400-students-in-india-told-to-retake-language-tests-after-niagara-college-flags-concerns.html

https://www.stcatharinesstandard.ca/news-story/9615483-they-passed-the-admissions-test-but-they-were-failing-in-class-how-niagara-college-tackled-an-international-student-crisis/

влияет не только на успеваемость таких студентов,
но и на качество образования в Канаде в целом.

Некоторые из махинаций, которые происходят в сфере
IELTS, крайне сложно, а иногда просто невозможно
отследить, но бывает, что не пресекаются нарушения,
которые вполне можно держать под контролем. Я не
могу озвучить конфиденциальные подробности, но
многие факты наводят меня на мысль, что IELTS все
больше превращается в большой бизнес.

ОЦЕНКИ, БАЛЛЫ И УРОВНИ

ЗАСУДИЛИ!

Несмотря на все сказанное, я все же призываю не подозревать все тест-центры в коррупции и не ставить под сомнение каждый выставленный балл. Как я уже говорила, без негативных последствий для тест-центра проще завысить оценку, нежели занизить. Что же касается неверно выставленных баллов, обусловленных ошибкой экзаменатора, то эти ошибки гораздо чаще случаются в сторону завышения оценки.

К сожалению, у некоторых кандидатов появляется соблазн объяснить свой низкий балл исключительно фактором «засудили!». Такой подход может сильно навредить: они начинают думать, что не получили нужный балл, потому что им занизили оценку, тогда как причиной этого является недостаточный уровень английского, системные ошибки или неправильная подготовка. Поделюсь с вами интересным экспериментом. Вскоре после того, как я начала вести блог в Instagram, в течение недели ко мне обратились сразу несколько человек из Казахстана. По их словам, их

Writing заслуживал 7–8 баллов, но на экзамене они получили 6–6.5. Я проверила их эссе и выяснилось, что абсолютно все они были написаны на 6 и 6.5!

Рискну предположить, что в заблуждение этих людей ввели преподаватели, которые оценивали их работы на незаслуженно высокий балл. В большинстве случаев у этих кандидатов был хороший уровень грамматики и лексики — эти два критерия действительно были достойны 7 баллов. Но ведь критерия — четыре, и первый из них, Task Response, обычно является самым проблематичным и коварным — как с точки зрения написания эссе, так и с точки зрения оценки. В данном случае некоторые эссе были оценены преподавателями на 7 баллов за Task Response, но я поставила всего 5. В целом, я знаю немало случаев, когда оценка за эссе отличалась от реальной на 1.5–2 балла.

Оценить Writing правильно достаточно сложно — даже экзаменаторы не сразу могут этому научиться. Для этого они проходят тренинг и штудируют материалы для обучения. И все равно после тренинга нужно время, чтобы научиться быстро и точно выставлять оценки: именно поэтому случаются ошибки. Экзаменаторы пользуются во время проверки Writing таблицей с описанием критериев для внутреннего пользования. Кроме этого, есть дополнительная, весьма толстенькая брошюра, которая приходит на помощь, если возникают вопросы. Таблица с описанием критериев не идентична той, которая находится в открытом доступе, и является конфиденциальной. Конечно, она ей не противоречит, но является гораздо более полной и подробной. Но дело даже не в этих отличиях, а в интерпретации, особенно когда дело касается нетривиальных случаев. Поэтому относитесь с большой осторожностью к оценкам, уверенно выставленным преподавателями, которые не являются экзаменаторами.

При этом я уверена, что преподаватели, которые **не являются** экзаменаторами, но специализируются на IELTS, могут подготовить к этому экзамену лучше **случайно взятого экзаменатора**. Дело в том, что статус экзаменатора гарантирует только то, что Speaking & Writing будут оценены правильно. Но это вовсе не означает, что все экзаменаторы знают, **как** подготовить студента к IELTS. Именно поэтому я с такой тщательностью отбирала экзаменаторов в свою школу.

Часто возникают резонные вопросы, насколько объективна оценка, зависит ли она от экзаменатора, и не занижают ли тест-центры баллы, чтобы вы приходили снова и снова сдавать IELTS. О **систематических, преднамеренных, подтвержденных** прецедентах занижения оценок в тест-центрах России, Украины и Казахстана я не слышала. Знаю, что случаются нарушения протокола проведения экзамена, но о каких-либо махинациях с оценками до меня информация не доходила. Хотя, безусловно, я не могу знать, как обстоят дела в каждом тест-центре.

На основании той информации, которая у меня есть, я могу сделать вывод, что систематически занижать оценки без последствий для тест-центра крайне сложно. Во-первых, экзаменаторы регулярно подвергаются проверкам — их дотошно проверяют на предмет следования протоколу экзамена и правильности выставляемых оценок. В тест-центре, где я работала, этим занимался тренер экзаменаторов. Если допустить, что оценки сознательно занижают, придется признать, что тренер находится в сговоре с тест-центром и экзаменаторами и во время проверок соглашается с неправильными оценками. Я не говорю, что это в принципе невозможно, но это достаточно сложная схема.

Во-вторых, существует процедура апелляции, которая проводится в Австралии. Представьте, что в каком-то тест-центре все время занижают оценки и кандидаты регулярно подают заявки на апелляцию. Ситуация, когда из одного тест-центра постоянно приходят такие заявки, и по результатам этих апелляций оценку повышают больше чем на 0.5 балла, выглядит крайне подозрительно. Таких экзаменаторов после определенного количества «промахов» дисквалифицируют и, возможно, поставят под сомнение легитимность всего тест-центра. Именно поэтому махинации с занижением баллов мне всегда представлялись сложно осуществимыми.

> Я не претендую на правильность своих выводов и не являюсь специалистом в области махинаций. Возможно, когда эта книга выйдет, мне напишут люди, которые знают больше, и мое представление об этой ситуации станет более объемным. Пока же я делюсь с вами своими размышлениями, основанными на той информации, которая у меня есть на данный момент.

Что касается случайных ошибок, то, конечно, бывает, что экзаменатор неправильно выставляет оценку. Иногда даже несколько раз подряд. Но что самое интересное, случайные ошибки гораздо чаще случаются в сторону завышения оценок, а не занижения! Это касается как Speaking, так и Writing.

Этим, в частности, можно объяснить внезапные высокие баллы за эти разделы, которые выбиваются из общей картины предыдущих попыток или не соответствуют уровню английского.

Если вам не дает покоя мысль, что оценка за Speaking или Writing ниже, чем вы заслуживаете, подавайте на апелляцию. В этом случае ваши работы отправят в Австралию на перепроверку Senior Examiner. Это самый лучший способ узнать, не занизили ли вам оценку — будь то по ошибке или намеренно. Оценку за Writing и/или Speaking поднимают на 0.5 балла примерно в 20% случаев (это не официальная статистика, я ориентируюсь на свой опыт и рассказы коллег-преподавателей). Кстати, даже если это происходит, это не значит, что первый экзаменатор выставил «неправильную» оценку: расхождение в мнениях в 0.5 балла допустимо.

Что касается повышения оценки на целый балл, то это происходит гораздо реже. Если вас от нужной оценки отделяет балл и больше, лучше не рассчитывать на апелляцию: шансы очень малы. А вот если у вас ситуация, когда полбалла решают все, попробовать стоит. В случае, если вам изменят оценку, деньги за апелляцию вернут.

НЕУЛОВИМЫЙ ДЖО, ИЛИ ЧТО МЕШАЕТ ПОЛУЧИТЬ НУЖНЫЙ БАЛЛ

Бывает, что кандидаты сдают IELTS 5, 7, 13 и даже 21 раз. Конечно, у каждого свои причины, почему не удается получить нужный балл с первого раза, но можно выделить четыре основные.

1. Недостаточный уровень английского

Это лидер и чемпион всех причин. Представьте, что скоро Новый год. Чтобы украсить дом, вам нужны елка и елочные игрушки. Елка — это ваш английский, а игрушки — подготовка к IELTS. Перед Новым годом вы ставите елку, потом вешаете на нее игрушки. Если же у вас есть елочные игрушки, но нет елки, то получится, как в мультфильме: «Что же это за Новый год, да без елочки!».

В переводе на обычный язык это означает, что если разрыв между вашим уровнем английского (помните шкалу CEFR?) и нужным баллом IELTS составляет больше 0.5–1 балла, не нужно рвать тельняшку на груди и бросаться на амбразуру IELTS! Не вы его порвёте на тряпки, а он вас. В этом случае нужно заняться повышением общего уровня английского, а потом, когда разрыв сократится до минимума, можно начинать готовиться к формату экзамена. Желательно, чтобы было полное соответствие нужному баллу или разница составляла 0.5 балла: в этом случае подготовка к формату экзамена будет безболезненной и быстрой.

Стремитесь к тому, чтобы до начала подготовки к IELTS ваш уровень по шкале CEFR максимально соответствовал баллу IELTS, который вы надеетесь получить. Если ваш уровень ниже, вам нужно сначала его повысить, и только после этого приступать к подготовке к IELTS.

Допустим, у вас B1 средней уверенности (4.5–5 баллов IELTS), и вы мечтаете о 6.5. В этом случае повышайте общий уровень: разрыв слишком большой. Если у вас уверенный C1 и вам нужны 7–8 баллов, можно смело готовиться к IELTS.

Цель подготовки к IELTS — тренировка формата заданий, но никак не системное повышение уровня. На экзамене нужно продемонстрировать диапазон лексики и грамматики, которые прочно прижились в вашей голове.

В идеале, когда вы начинаете подготовку к IELTS, у вас уже должен быть арсенал, который вам останется тонко настроить на сдачу экзамена.

В мою школу Jump In часто обращаются студенты, чей уровень находится в большом отрыве от нужного балла. В таких случаях я всегда отговариваю их от подготовки к IELTS и предлагаю взять курс General English. В результате они экономят время и деньги, повышают уровень, и только потом переходят к преподавателю-экзаменатору и начинают подготовку к IELTS.

К сожалению, многие выбирают другой путь — долгий, тернистый и с минимальным КПД. Часто они делают это по собственной инициативе, но иногда решение исходит от преподавателей, которые с энтузиазмом начинают заниматься подготовкой к IELTS вместо того, чтобы отправить таких студентов на «доработку» к другим учителям или предложить им общий курс английского. В итоге некоторые студенты попадают в ловушку: сдав IELTS и не получив нужный балл, они начинают думать, что есть какие-то тайны написания эссе и секретные стратегии сдачи Speaking. Они надеются, что, постигнув эти тайны, обеспечат себе нужный балл. Но тем самым они обеспечат себе не нужный балл, а геморрой, пардон май френч.

Тайн нет. И секретов тоже нет. Есть только достаточный уровень английского и очень простые стратегии.

2. Незнание/непонимание требований IELTS

Вторая по популярности причина. Иногда при вполне приличном уровне английского заветный балл годами маячит, как мираж в пустыне. Изможденные IELTS-путники идут по этой пустыне, каждый раз получая примерно один и тот же балл (в основном это касается раздела Writing). Причина неудач может быть в незнании или непонимании требований экзамена, что подразумевает в том числе верования в мифы и легенды, которыми окружен IELTS.

> **Верить в мифы — это даже хуже, чем просто ничего не знать, потому что последователи этих мифов месяцами и годами целенаправленно идут не по тому пути, не осознавая этого. А как известно, If you always do what you've always done, you'll always get what you've always got.**

Вы наверняка знаете случаи, когда в попытках вылечиться человек тратил время на походы к врачам, старательно выполнял все их предписания, покупал дорогие лекарства. И потом, спустя длительное время вдруг выяснялось, что его лечили совсем не от того. То же самое происходит с людьми, которые месяцами и годами готовятся к IELTS, следуя неверным советам и пользуясь непроверенными источниками информации. Они думают, что движутся вперед, когда строчат десятки эссе по сомнительным шаблонам или пытаются любой ценой использовать в ответе три идиомы, но в действительности буксуют на месте, все сильнее зарываясь в колею.

Иными словами, тратят время и деньги на то, чтобы становиться все круче в том, что делают неправильно.

Без понимания, что вы делаете не так и что от вас действительно требуется, изменить балл очень трудно. Можно сдавать IELTS много раз, но так и не сдать на нужный балл. Или сдать спустя долгое время, за счет повышения общего уровня. А ведь проблему можно исправить гораздо быстрее! Если вы видите, что буксуете на одной и той же оценке — попробуйте кардинально поменять подход к подготовке. В частности, в этом вам поможет эта книга.

Можно ли вообще не готовиться к IELTS и получить нужный балл? Если у вас уровень C1-C2, вы вполне можете рассчитывать на 7–8 баллов без подготовки. За Listening & Reading можно получить высокий балл, ничего не зная про эти разделы. Что касается раздела Speaking, то достаточно отвечать на вопросы развернуто и не забывать использовать лексику уровня C1-C2. В целом, при наличии уверенного C1, эти три раздела вы можете сдать вполне победоносно без подготовки. But don't get too excited, ведь всю малину портит Writing: тут ваш балл без подготовки может сильно «просесть». В любом случае, реалии таковы, что мало у кого из кандидатов наготове уровень C1 и уж тем более C2. Поэтому готовиться к IELTS в 99% случаев нужно.

3. Нервы

Экзамены — это стресс. Многие кандидаты теряют баллы только из-за того, что сильно нервничают. Может быть, вам знакомо это ощущение (хотя я очень надеюсь, что нет): вы смотрите на задание, секунды уносятся прочь со скоростью звука, а в голове вместо стройных рядов мыслей, идей и аргументов — пустота и ступор, постепенно сменяющиеся паникой во всем теле. Особенно страдает раздел Speaking: язык немеет, слова вылетают из головы, вас парализует или вы начинаете нести что-то, совершенно не относящееся к делу. Потом пугаетесь своего ступора или того, что уже наговорили, и оценка окончательно и бесповоротно летит вниз.

Мне случалось видеть кандидатов, которые начинали плакать во время теста. Некоторые впадали в вербальный паралич минуты на две. Кто-то даже начинал извиняться за свой невразумительный ответ. К сожалению, методы выражения эмпатии у экзаменаторов ограничены и регламентированы, поэтому приходилось пользоваться скудным бессловесным репертуаром, чтобы поддержать этих кандидатов.

Как бороться с проблемой нервов? Кому-то помогают техники расслабления. Кому-то — успокоительное. Некоторые даже чуть-чуть коньячку перед экзаменом выпивают (не уверена в эффективности, но слышала о таком дерзком методе). Также может помочь успокоиться мысль о том, что у вас в запасе больше, чем одна попытка. Если рассматривать первый заход как тренировочный, а не как решающий все в вашей жизни, градус напряжения спадает. И если с первой попытки не получится получить нужный балл, уже на второй раз вы наверняка будете чувствовать себя уверенней.

4. Ошибка экзаменатора

Разница во мнениях в 0.5 балла допустима, но иногда случаются и более серьезные расхождения. Как правило, это означает, что экзаменатор, который ошибся, не очень опытный. Хотя человеческий фактор никто не отменял, серьезные ошибки в сторону занижения балла происходят не слишком часто, о чем свидетельствуют результаты апелляций.

Теперь, когда вы знаете, что представляет собой IELTS, и какие есть подводные камни, рассмотрим подробнее разделы Speaking & Writing.

ЧТО МЕШАЕТ ПОЛУЧИТЬ НУЖНЫЙ БАЛЛ

SPEAKING TEST

о время Speaking Test вы общаетесь с живым человеком, а не просто наговариваете поток мыслей в микрофон. На мой взгляд, это является огромным плюсом IELTS, хотя, конечно, все зависит от личных предпочтений, и кому-то более комфортно общаться с компьютером. Но все же согласитесь, что улыбчивый и приветливый экзаменатор — вполне конкурентоспособная замена компьютеру. Надеюсь, что вам попадется именно такой! Это даст возможность расслабиться и продемонстрировать все, на что вы способны.

В каждом тест-центре работают несколько экзаменаторов, и выбирать, к кому вы попадете, у вас возможности нет. Этот процесс абсолютно стихийный и случайный. Нет никакой системы, по которой кандидаты распределяются между экзаменаторами. Это не зависит ни от модуля, который вы сдаете, ни от вашей национальности, ни от места проживания. Более того, кандидатов иногда перекидывают в последний момент от одного экзаменатора к другому. Такое жонглирование — это банальная логистика, без скрытого подтекста и злого умысла.

Экзаменатор не только принимает тест, но и выставляет оценку. Домыслы о том, что это просто говорящая голова, а оценки выставляют в Австралии на основе присланных диктофонных записей, — один из IELTS-мифов.

Speaking Test записывается на диктофон — на тот случай, если вы решите подать на апелляцию, а также для контроля и проверки экзаменатора. Кстати, новые экзаменаторы нервничают, пожалуй, не меньше вас! Я до сих пор помню свой первый день в качестве экзаменатора — это было безумно страшно и ответственно, и вопросы я задавала в каком-то тумане.

Весь процесс строго регламентирован и расписан буквально по секундам, поэтому перед экзаменатором стоит таймер, за которым он пристально следит. Speaking Test состоит из трех частей и длится 11–14 минут. Каждая часть логически переходит в следующую, и с каждой из них сложность вопросов возрастает.

Part 1

4–5 минут

- Простые вопросы — простые ответы
- Главное — fluency

Эта часть — ознакомительная. Экзаменатор спросит вас о каждодневных, знакомых вещах и явлениях — например, о погоде, еде, распорядке вашего дня. Вас могут спросить: *Do you like rain? What's your favorite food?* Как правило, за 4–5 минут экзаменатор успевает задать 8–10 вопросов, обычно по трем темам. Если вы будете отвечать кратко, он задаст больше вопросов по разным темам; если будете отвечать пространно, вопросов будет меньше. Вне зависимости от длительности ваших ответов, экзаменатор сделает так, чтобы вы говорили в течение 4–5 минут.

В Part 1 придерживайтесь тактики «простые вопросы — простые ответы». Отвечайте кратко и динамично: 2–3 предложения на каждый вопрос. Сосредоточьтесь на fluency, не думайте о громоздких грамматических конструкциях и продвинутой лексике. При этом ваши ответы не должны быть односложными! Если вы отвечаете *yes/no*, добавляйте, почему. Раскрывайте тему, но в то же время за пределы нескольких предложений старайтесь не выходить. Впрочем, даже если вы начнете отвечать очень подробно, ничего страшного не произойдет, просто в этом случае будьте готовы к тому, что экзаменатор вас будет прерывать.

Part 2

~ 4 минуты

- Ответ по карточке (монолог)
- Минута на подготовку, ответ в течение 2 минут
- Говорите, пока вас не остановят

Part 2 длится около 4 минут и представляет собой монолог на заданную тему (ответ по карточке). Вопросы могут быть совершенно любыми: тема выбирается случайным образом заранее. Экзаменатор зачитывает вопрос и отдает его вам. Для того, чтобы вы могли делать заметки, он также выдает вам листок бумаги и карандаш. Все эти тонкости запоминать не обязательно: экзаменатор в любом случае даст вам инструкции, что делать. Вопрос дается в следующем формате:

Describe a life-changing experience.

You should say:

Where it took place
What happened
How it made you feel

and explain how it changed your life.

Ходят слухи, что экзаменатор выбирает вопрос для Part 2 в зависимости от того, как кандидат показал себя в первой части. Некоторые даже сочиняют, что вопрос коррелирует с профессией или родом занятий кандидата. Это не так. Все вопросы — случайные, и никакой тайной связи между ними нет. Если вдруг произошло какое-то совпадение, это чистая случайность.

Part 2 — некомфортная и стрессовая ситуация для многих кандидатов. Мало кто любит монологи в свете софитов (фигурально выражаясь). Кроме того, экзаменатор не дает никакой обратной связи — он просто молча слушает. Многих это сбивает с толку, начинается паника. «Почему он/она молчит? Почему даже не кивает? Это плохой знак! Что я делаю не так?». Не переживайте! К сожалению, в обязанности экзаменаторов не входит морально поддерживать кандидатов — они должны быть вежливыми, но не более того. Некоторые экзаменаторы стараются улыбаться и поддерживать взглядом и жестами, но это исключительно их собственная инициатива.

На подготовку монолога у вас есть минута. Одну минуту готовитесь, две говорите. Используйте эту минуту по максимуму, а именно: делайте заметки. Ваша задача — максимально эффективно использовать время для подготовки. Набросайте план, ведь в самый ответственный момент мысли из головы имеют свойство утекать в неизвестном направлении. Напишите ключевые слова и обязательно запишите основные идеи. Когда экзаменатор даст вам отмашку, вы можете начинать говорить.

Если вдруг вы почувствуете, что минута на подготовку вам не нужна, можете сказать об этом экзаменатору. Он вас переспросит, и если вы подтвердите свое намерение, можете начинать отвечать. В моей практике были случаи, когда кандидаты рвались в бой и начинали говорить буквально через 15 секунд, даже не делая заметок. Но это были единичные случаи и встречались они среди тех, кто по итогам победоносного выступления получал 7.5 баллов и выше.

Ваш ответ будет длиться две минуты, поэтому когда будете практиковаться дома, сразу приучайтесь говорить не меньше этого промежутка времени. Начав отвечать, важно не останавливаться. Представьте, что вы самосвал без тормозов. Говорите, пока экзаменатор вас не остановит. Не думайте о том, сколько прошло времени и не превысили ли вы лимит. Вам не дадут его превысить! Говорите до победного конца. Часто спрашивают, не является ли плохим знаком, если экзаменатор прервал ваш ответ. Вовсе нет, это совершенно нормальная практика. Как я уже писала ранее, Speaking Test очень регламентирован и подчинен жесткому таймингу, который экзаменатор должен выдерживать вплоть до секунд. Так что не переживайте и не думайте ни о чем, кроме своего ответа.

Во многих источниках можно прочитать, что в Part 2 нужно ответить на все bullet points (пункты) в карточке. На самом деле это правило действует только для раздела Writing, но не для Speaking Test. Скажу вам больше: большинство экзаменаторов эти bullet points вообще не читают, ограничиваются только основным вопросом. Эти маяки — для вас, чтобы облегчить вам построение монолога.

В Part 2 говорите о себе, не отклоняйтесь в абстрактные рассуждения о судьбах человечества. Для этого будет Part 3, где вы сможете продемонстрировать этот навык. В конце вашего выступления экзаменатор может задать еще один вопрос по теме карточки. Ответьте очень кратко — одним-двумя предложениями (времени до конца этой части теста остается обычно секунд 15–20).

Part 3

4–5 минут

- Вопросы всегда связаны с Part 2
- Уровень сложности зависит от уровня вашего английского
- Рассуждайте о людях и явлениях в целом

Part 3 длится 4–5 минут и, на мой взгляд, является самой живой и приятной. Это фристайл, джаз на вашем Speaking Test. Это настоящий разговор, как в жизни, с погонями и преследованиями... ой, простите, я хотела сказать, с элементами импровизации со стороны экзаменатора. Part 3 всегда связана по теме с Part 2, но, в отличие от нее, представляет собой более абстрактное, отвлеченное обсуждение темы. Если в Part 2 вы должны говорить о себе, о своем опыте, то в этой части нужно выйти за пределы себя и поговорить о людях в целом.

В Part 3 вам будут задавать вопросы, калиброванные под ваш уровень: если на основе ваших предыдущих ответов экзаменатор сделал вывод, что у вас высокий уровень, он будет задавать более сложные вопросы. Согласно официальному объяснению, это делается для того, чтобы дать сильным кандидатам возможность продемонстрировать все богатство своего внутреннего мира (точнее, словарного запаса и грамматики). Признаюсь честно, я никогда этого не понимала. Если у вас хороший английский, вы и на простой вопрос сможете ответить продвинуто.

SPEAKING TEST

После того, как вы обсудили темы, которые экзаменатор вам предложил, Speaking Test заканчивается. Здесь некоторые кандидаты дают волю чувствам и начинают спрашивать, как они сдали тест. Или делятся своими волнениями на тему того, что показали себя не с лучшей стороны. Как бы не был трогателен этот момент, экзаменатор не имеет права отвечать на подобные вопросы и намекать на оценку. Так что лучше его не смущайте, потерпите немножко — и вы узнаете свой результат.

| КРИТЕРИИ ОЦЕНКИ

Если ваш уровень C1-C2 и вам нужно 7–9 баллов за Speaking, вы вполне можете получить этот балл без подготовки и не зная требований. Если же вы к этим счастливчикам не относитесь, в триумфальной сдаче этого раздела вам поможет знание критериев оценки. Хотите проверить себя? Отметьте галочками факторы, которые, по вашему мнению, влияют на оценку:

1. Акцент

2. Мнение, которое вы выражаете

3. Грамматика

4. Модуль, который вы сдаете

5. Скорость речи

6. Ваша национальность

7. Продвинутая лексика

8. Заученный текст

9. Рваная одежда и вид с похмелья

Из всех этих вариантов на оценку (в ту или иную сторону) влияют только факторы 3, 5, 7, 8. Speaking Test — это не экзамен на благонадежность и не детектор лжи. На этом экзамене оценивается то, **как** вы можете донести свое мнение, в том числе самое экстравагантное, до почтенной публики в лице экзаменатора. **Что** вы при этом говорите — не столь важно. Поэтому не переживайте, согласен с вами экзаменатор или нет, и не старайтесь говорить правду и ничего кроме правды. Вы должны максимально упростить себе задачу на экзамене, поэтому всегда отвечайте таким образом, чтобы вам было проще, а не сложнее. И если для этого нужно изменить или приукрасить действительность, даю вам на это свое благословение! На IELTS все средства хороши.

Быть «правильным» и политкорректным тоже не обязательно. Во время тренинга для экзаменаторов нам рассказывали, как один кандидат начал высказывать крайне радикальную, нацистскую точку зрения. Экзаменатор, конечно, был в ужасе. Несмотря на это, он должен был оценить только знание языка, поэтому пришлось отодвинуть эмоции в сторону. Также не играют роли ваша одежда, национальность, внешний вид и модуль, который вы сдаете. И даже акцент не влияет на оценку, вопреки расхожему мнению. Влияет произношение, а не акцент, но об этом — чуть позже.

Теперь разберем критерии оценки вашего ответа. Если кратко резюмировать таблицу с описанием критериев, экзаменатор оценивает, насколько складно и без запинок вы говорите, богат ли ваш словарный запас, насколько хороша грамматика и легко ли вас понять с точки зрения произношения.

Ваше выступление оценивается по четырем критериям:

1. Fluency & Coherence (FC)
2. Lexical Resource (LR)
3. Grammatical Range & Accuracy (GR)
4. Pronunciation (P)

За каждый критерий экзаменатор выставляет отдельную оценку от 1 до 9 баллов. Происходит это сразу после того, как заканчивается тест. Каждый из четырех критериев «весит» одинаково и составляет 25% от финального балла за Speaking. Экзаменатор высчитывает среднее арифметическое (это не совсем среднее арифметическое, но для простоты назовем это так), и вы получаете в своем сертификате оценку за Speaking Test. При этом вы видите только конечный балл, поэтому узнать, как на него повлиял каждый критерий, возможности нет. Кстати, если вы готовитесь к IELTS с экзаменатором, он сможет точно сказать, на какие критерии нужно обратить внимание.

Теперь рассмотрим, что именно оценивается в каждом критерии, а затем разберемся, как можно поднять балл в рамках каждого из них.

Fluency & Coherence (FC)

Оценивается связность повествования, скорость и естественность речи. Соответственно, долгие паузы, мучительные вздохи, бесконечные самоисправления, поднятия

SPEAKING: Band Descriptors (public version)

Band	Fluency and coherence	Lexical resource	Grammatical range and accuracy	Pronunciation
9	• speaks fluently with only rare repetition or self-correction; any hesitation is content-related rather than to find words or grammar • speaks coherently with fully appropriate cohesive features • develops topics fully and appropriately	• uses vocabulary with full flexibility and precision in all topics • uses idiomatic language naturally and accurately	• uses a full range of structures naturally and appropriately • produces consistently accurate structures apart from 'slips' characteristic of native speaker speech	• uses a full range of pronunciation features with precision and subtlety • sustains flexible use of features throughout • is effortless to understand
8	• speaks fluently with only occasional repetition or self-correction; hesitation is usually content-related and only rarely to search for language • develops topics coherently and appropriately	• uses a wide vocabulary resource readily and flexibly to convey precise meaning • uses less common and idiomatic vocabulary skilfully, with occasional inaccuracies • uses paraphrase effectively as required	• uses a wide range of structures flexibly • produces a majority of error-free sentences with only very occasional inappropriacies or basic/non-systematic errors	• uses a wide range of pronunciation features • sustains flexible use of features, with only occasional lapses • is easy to understand throughout; L1 accent has minimal effect on intelligibility
7	• speaks at length without noticeable effort or loss of coherence • may demonstrate language-related hesitation at times, or some repetition and/or self-correction • uses a range of connectives and discourse markers with some flexibility	• uses vocabulary resource flexibly to discuss a variety of topics • uses some less common and idiomatic vocabulary and shows some awareness of style and collocation, with some inappropriate choices • uses paraphrase effectively	• uses a range of complex structures with some flexibility • frequently produces error-free sentences, though some grammatical mistakes persist	• shows all the positive features of Band 6 and some, but not all, of the positive features of Band 8
6	• is willing to speak at length, though may lose coherence at times due to occasional repetition, self-correction or hesitation • uses a range of connectives and discourse markers but not always appropriately	• has a wide enough vocabulary to discuss topics at length and make meaning clear in spite of inappropriacies • generally paraphrases successfully	• uses a mix of simple and complex structures, but with limited flexibility • may make frequent mistakes with complex structures though these rarely cause comprehension problems	• uses a range of pronunciation features with mixed control • shows some effective use of features but this is not sustained • can generally be understood throughout, though mispronunciation of individual words or sounds reduces clarity at times
5	• usually maintains flow of speech but uses repetition, self correction and/or slow speech to keep going • may over-use certain connectives and discourse markers • produces simple speech fluently, but more complex communication causes fluency problems	• manages to talk about familiar and unfamiliar topics but uses vocabulary with limited flexibility • attempts to use paraphrase but with mixed success	• produces basic sentence forms with reasonable accuracy • uses a limited range of more complex structures, but these usually contain errors and may cause some comprehension problems	• shows all the positive features of Band 4 and some, but not all, of the positive features of Band 6
4	• cannot respond without noticeable pauses and may speak slowly, with frequent repetition and self-correction • links basic sentences but with repetitious use of simple connectives and some breakdowns in coherence	• is able to talk about familiar topics but can only convey basic meaning on unfamiliar topics and makes frequent errors in word choice • rarely attempts paraphrase	• produces basic sentence forms and some correct simple sentences but subordinate structures are rare • errors are frequent and may lead to misunderstanding	• uses a limited range of pronunciation features • attempts to control features but lapses are frequent • mispronunciations are frequent and cause some difficulty for the listener
3	• speaks with long pauses • has limited ability to link simple sentences • gives only simple responses and is frequently unable to convey basic message	• uses simple vocabulary to convey personal information • has insufficient vocabulary for less familiar topics	• attempts basic sentence forms but with limited success, or relies on apparently memorised utterances • makes numerous errors except in memorised expressions	• shows some of the features of Band 2 and some, but not all, of the positive features of Band 4
2	• pauses lengthily before most words • little communication possible	• only produces isolated words or memorised utterances	• cannot produce basic sentence forms	• Speech is often unintelligible
1	• no communication possible • no rateable language			
0	• does not attend			

Источник: http://ielts.org

IELTS is jointly owned by the British Council, IDP: IELTS Australia and Cambridge English Language Assessment

Page 1 of 1

глаз в небо в поисках вдохновения, сумбурное развитие темы — крайне нежелательны.

Если вы не уверены в своем английском на все 100% (точнее, на все 7 баллов), не забирайтесь в философ-ские дебри, не пытайтесь аргументировать тяжеловес-ную точку зрения, не стройте хитросплетения мысли. Они неизбежно повлекут за собой нагромождения в языке, и, если ваш уровень недостаточен для этого, вы запутаетесь и поплывете. И выплывете где-нибудь в районе 6 баллов. Поэтому старайтесь, чтобы ваш ответ и по форме, и по содержанию соответствовал вашему уровню.

Не заучивайте ответ наизусть! Почти никому не уда-ется использовать выученное таким образом, чтобы эта часть ответа не отличалась от остальных. Подозрение на выученный текст влечет за собой выставление балла из самых низов таблицы. Крайне редко встречаются «актеры больших и малых театров», которым удается органично вплести такие элементы в свой ответ. При условии, что экзаменатор не очень опытный или выученный текст по уровню не отличается от остальных ответов, этот номер может пройти, но это исключение! В целом, это мероприятие очень рискованное.

Когда я находилась в процессе написания этой книги, в мою школу Jump In обратился студент, который полу-чил 1 балл за Speaking. Именно по причине того, что он заучил ответы. Мне тоже попадались кандидаты, кото-рые пытались это сделать. В Part 1 они выдавали с горем пополам заученные ответы, а потом начинали отвечать отрывочными словами и фразами, причем, как правило, не по теме. В итоге на выходе получали 2–3 балла.

Lexical Resource (LR)

В этом критерии баллы «зарабатываются» на лексике, и со словами **только** уровня big, like и nice далеко здесь не уйти. При этом не стоит видеть в простых словах безусловных врагов народа: речь любого, даже самого продвинутого носителя, — это комбинация простой и сложной лексики.

Безусловно, если вы претендуете на балл выше 6–6.5, в вашем ответе должна присутствовать лексика уровня C1-C2, разнообразные синонимы, идиомы и устойчивые выражения. Но значит ли это, что если у вас уровень не очень высокий, вам любыми способами нужно пытаться использовать сложную, не свойственную вам лексику? Пытаться впихнуть невпихуемое, так сказать. Я бы очень не советовала так делать. Не нужно искусственно нагромождать посреди вашего ответа слова и фразы, которые еще не прижились в вашем лексиконе: они будут торчать там как чужеродный элемент.

Вы должны стремиться к тому, чтобы ваш ответ звучал максимально естественно. Если вы пока не владеете продвинутой лексикой, которую можете между делом употребить в своем ответе, не стоит усложнять себе жизнь и портить оценку за первый критерий, FC.

Естественность прежде всего! Лучше говорить без пауз и запинок, нежели пытаться внедрить в свой ответ искусственные элементы, которые только придадут ему тяжеловесности и ненатуральности. Среди таких элементов почетное место занимают идиомы. Безусловно, использование идиом к месту и по делу очень украшает ваш ответ и прибавляет вам баллов. Но есть нюансы. Ваш уровень должен быть достаточным для того, чтобы попытки их использовать прозвучали естественно и к месту. Если вы не уверены в своих силах, говорите простым, человеческим языком. Таким, на который вы способны.

В погоне за идиомами некоторые преподаватели иногда дают удивительные советы. Например, что в ответе обязательно нужно использовать определенное количество идиом: то ли две, то ли три, то ли пять. Разница во мнениях объясняется просто: никакого конкретного числа нет.

Экзаменатор не занимается педантичным расчленением предложений, не ведет счет использованным идиомам и не протоколирует сложные слова.

Он оценивает ответ в целом, отмечая, лексику какого уровня способен использовать кандидат, и насколько естественно он это делает.

Утверждение, что нужно употребить фиксированное количество продвинутых слов и выражений, чтобы получить определенный балл, не соответствует действительности.

С точки зрения экзаменатора всякие искусственные потуги во время ответа только вредят. Лучше говорить без пауз, но простым языком, чем мучительно вспоминать чужеродную лексику. Да, за простые слова вы не получите высокий балл. Зато вы не потеряете баллы за критерий FC, не собьете сами себя с мысли, не будете концентрироваться на этих пресловутых трех идиомах вместо того, чтобы просто отвечать на вопрос.

Еще один популярный вопрос относительно Speaking Test: можно ли использовать неформальную лексику, или же ответы должны представлять собой полный официоз? Этот вопрос возникает по двум причинам:

1. Кандидаты запуганы разделом Writing, где нужно писать в более формальном стиле, и они экстраполируют это правило на Spea-king Test.

2. Они забывают (или не знают), что Speaking Test — это эмуляция разговора двух людей в естественной среде обитания. А как разговаривают люди в жизни, даже в самой официальной обстановке? Явно не так, как пишут эссе.

Во время Speaking Test отвечать нужно в естественном, разговорном стиле. Старайтесь, чтобы ваши ответы звучали максимально натурально и непринужденно. Как в жизни. Представьте, что вы просто общаетесь с приятным и культурным собеседником в поезде. Да, Speaking Test формализован и регламентирован, но это не отменяет того факта, что нужно говорить естественно и просто, в человеческом стиле. Этот стиль, среди прочего, не только разрешает, но и подразумевает разговор-ность: идиомы, фразовые глаголы и сокращения. При этом важно соблюсти баланс: не скатываться в жесткий сленг и вести себя вербально прилично — вы же не группа «Ленинград». Покажите и докажите, что у вас есть лексический порох в пороховницах и что вы понимаете, как этот порох использовать по делу. Общий стиль вашего ответа должен быть нейтральный, приправленный дозой тех самых разговорных элементов.

Grammatical Range & Accuracy (GR)

Здесь история очень похожа на LR. С одной стороны, чем разнообразнее и сложнее грамматика, тем выше балл: потолок за простую грамматику — 4–5 баллов. С другой стороны, попытки впихнуть в ответ конструкции и времена, которыми вы не владеете в достаточной степени, обычно ничем хорошим не кончаются. Поэтому безопаснее соблюдать баланс и не стараться прыгнуть выше своей головы.

> **Как и в случае с LR, скрупулезный подсчет грамматических структур, времен, а вместе с ними и ошибок — не ведется! Экзаменатор оценивает ваше выступление в целом.**

Часто спрашивают, что лучше: отвечать с использованием простой грамматики, но без ошибок, или продемонстрировать, что вы знаете **больше**, но при этом делать ошибки. Это зависит от количества ошибок (при этом речь не идет о точном подсчете). Небольшое их количество абсолютно допустимо и не мешает получить балл 7 за критерий GR. А вот если ошибок слишком много, это портит впечатление от попыток продемонстрировать весь арсенал грамматики и в итоге приводит к снижению оценки. Именно по этой причине я советую иметь базу, в которой вы уверены, плюс только **несколько** дополнительных времён и конструкций, которые вы будете прицельно использовать во время подготовки (об этом — чуть позже). В результате ваш ответ будет содержать лишь **небольшое** количество грамматических ошибок, так как вы будете оперировать в основном тем набором конструкций, которые «приручили» во время подготовки.

Также важно нащупать ту грань, за которой попытки использовать сложную грамматику начинают сильно влиять на скорость речи. Как видите, соблюдение этого баланса — весьма филигранная работа, поэтому к Speaking я всегда советую готовиться с преподавателем. Самостоятельно сделать эту тонкую настройку сложно.

Pronunciation (P)

Многие кандидаты боятся, что им снизят балл за акцент. В действительности оценивается не акцент, а произношение. Многие путают эти два понятия. Как их различить? Когда люди слышат ваш акцент, они понимают, что вы из другой страны, и даже иногда могут идентифицировать, откуда. Что касается произношения, то оно скорее имеет отношение к тому, насколько вас легко понимать. Когда у вас плохое произношение, вас понимают с трудом или понимают неправильно, часто переспрашивают услышанное и уточняют. Также можно сказать, что акцент может быть сильным или не сильным, а произношение — хорошим или плохим.

Что касается IELTS, то снижают баллы не за акцент, а за плохое произношение, неправильные интонации, за отсутствие связности речи (например, многие кандидаты из Индии говорят как роботы, рваными фразами). Наличие акцента не помешает вам получить 9 баллов за этот критерий. Так что вовсе не обязательно тратить время и деньги на исправление акцента ради IELTS.

| КАК ПОВЫСИТЬ БАЛЛ

Повысить балл за Speaking — это значит повысить балл за один из четырех критериев (иногда этого бывает достаточно), либо за несколько.

Fluency & Coherence (FC)

Если вы ограничены во времени, бросьте все силы на FC. Этот критерий улучшить проще всего и быстрее всего. Делайте на него ставку — не прогадаете. В дополнение к обычным занятиям английским, есть множество способов улучшить скорость и плавность речи.

1. **Думайте вслух.** Думание вслух даже на своем родном языке помогает сконцентрироваться, организовать мысли и принять решение. Просто озвучивайте то, о чем думаете.

2. **Описывайте окружающую действительность и свои действия.** Делая это, вы заодно обнаружите пробелы в словарном запасе.

3. **Говорите с носителями языка как можно чаще** (в идеале — несколько раз в неделю). Я не оговорилась: именно с носителями, а не с носителем. Когда вы говорите только с одним человеком, вы слишком к нему привыкаете. Причем не только к акценту и манере разговора, но и психологически тоже. Это может привести к тому, что с этим человеком вы будете себя чувствовать комфортно, но как только вам придется разговаривать с незнакомым собеседником, могут начаться проблемы. Лучше разнообразить пул носителей: пусть там будут и британцы, и американцы, и австралийцы.

Найти собеседников можно на сайте italki. com. Там много носителей, которые не являются профессиональными преподавателями, поэтому час разговора с ними будет стоить очень дешево. Это не полноценные занятия английским, а языковая практика. Говорить важно не только о том, что вам интересно, но и на темы, которые предлагает ваш собеседник. Когда мы сами выбираем, о чем говорить, мы подсознательно отдаем предпочтение темам, в которых знаем больше слов. Поэтому будет лучше, если эта инициатива не всегда будет исходить от вас. Спросили вас о таянии ледников, правах человека или разведении кенгуру — будьте любезны, отвечайте.

4. **Записывайте себя на диктофон и/или на видео** — без таймера, на любые темы. Поначалу вы будете ужасаться своему голосу, паузам и запинаниям, но постепенно привыкнете к себе и, возможно, даже полюбите.

5. **Отвечайте на вопросы из Part 2** (их можно найти в официальных источниках, в так называемых Past Papers). Возьмите любой вопрос, подготовьте ответ в течение минуты, после этого две минуты говорите по теме, записывая себя на диктофон. Затем прослушайте свой ответ и «ухом стороннего наблюдателя» постарайтесь проанализировать, какие у вас есть слабые места. Подумайте, что и как можно улучшить, возьмите тот же самый вопрос и снова запишите ответ на диктофон. Во второй раз вы будете отвечать с учетом своих ошибок, и с большой долей вероятности ваше второе выступление будет гораздо лучше. Можно повторить процедуру третий и четвертый раз, до ощущения полного удовлетворения. Этот способ особенно хорошо работает для людей с более высоким уровнем — для тех, которые могут заметить свои ошибки.

Lexical Resource (LR)

В LR баллы «зарабатываются» на умелой комбинации простой и сложной лексики. Подход к подготовке и к повышению оценки за этот критерий будет отличаться в зависимости от того, сколько времени у вас остается до экзамена. Рассмотрим два варианта: меньше 3 месяцев и больше 3 месяцев.

Времени на подготовку меньше 3 месяцев. В этой ситуации лучше не тратить драгоценное время на то, чтобы лихорадочно учить новую лексику и потом не менее лихорадочно пытаться включать ее в свои ответы. Учитывая то, что вам нужно готовиться к другим разделам IELTS, за это время вы все равно не успеете довести выученное до автоматизма. А это — прямой путь к замедлению темпа речи, и как следствие — потеря баллов за критерий FC. Проблема в том, что если вы не отработали эту продвинутую лексику до быстрого и естественного употребления, крайне сложно будет быстро вытащить ее из своей памяти и не потерять при этом в скорости и связности речи. Поэтому лучше использовать ту лексику, в которой вы уверены.

В этой ситуации вы можете помочь себе тем, что в процессе подготовки активируете небольшое количество лексики из пассивного словарного запаса и во время своего ответа будете использовать лучшее из того, что знаете.

Времени на подготовку 3–6 месяцев или больше.
Если у вас больше трех месяцев до экзамена, вам вообще вряд ли стоит сразу приниматься за подготовку к IELTS. На это обычно нужно не более трех месяцев. Все, что выходит за рамки этого времени, называется повышением общего уровня английского, и это совсем другая история. В рамках повышения уровня вы и будете учить новые слова и выражения. Если у вас больше, чем три месяца, этого времени будет достаточно, чтобы активировать больше слов из пассивного словарного запаса, выучить новую лексику и сделать ее органичной частью своего языкового багажа.

Grammatical Range & Accuracy (GR)

Если весь арсенал грамматики в ответе сводится к Present Simple, Present Progressive и Past Simple, больше 4–5 баллов за этот критерий не получить.

Времени на подготовку меньше 3 месяцев. Улучшить оценку за этот критерий поможет следующий метод. У вас наверняка есть база времен, в которых вы уверены и которые постоянно используете. Допустим, этот прожиточный минимум состоит из тех самых Present Simple, Present Progressive и Past Simple. Этого скудного набора для балла выше 5 недостаточно, поэтому его нужно дополнить.

Выберите еще **несколько** времен и конструкций, которые вы знаете, но не привыкли использовать, и при подготовке к IELTS все время прицельно и сознательно включайте их в свой ответ. Таким образом, в дополнение к привычному прожиточному минимуму, вы добавите в свой рацион еще несколько сильных элементов. Постепенно вы привыкнете их использовать, и на экзамене сделаете то же самое.

> **Выберите только несколько времен или грамматических конструкций, не хватайтесь сразу за все. Например, можно добавить going to do smth, Conditional II, & used to do smth.**

Времени на подготовку 3–6 месяцев или больше. В том случае, если у вас много времени на подготовку, вы можете значительно расширить свой арсенал грамматики, но в этом случае это будет происходить в рамках повышения общего уровня английского.

Pronunciation (P)

Произношение быстро не исправить, но во время подготовки можно сосредоточиться на наиболее проблемных словах, в которых большинство русскоязычных студентов делают ошибки. Например, обратите внимание на произношение слов *salmon, hotel, palm, key, plumber, Christmas*. Большинство кандидатов произносят их неправильно. Определить ваши самые проблемные места и исправить их лучше всего поможет преподаватель.

ЧТО ГОВОРИТЬ, КОГДА НЕЧЕГО СКАЗАТЬ

Представьте: Part 2. Свет софитов. Перед вами вопрос на карточке. А в голове — пустота. Хотя нет, не совсем пустота: в ней бегает хорек-паникер и кричит: «Мне нечего сказать по этой теме!». Как избежать этой ситуации, которая может обойтись дорого во всех смыслах? Самое главное правило: всегда лучше говорить, чем молчать. А теперь перейдем к деталям.

Перед экзаменом

Подумайте заранее, каких тем вам хотелось бы избежать. Составьте список, посмотрите на него пристально и силой воображения или Google набросайте идеи по каждой из тем. Это вам поможет, если один из этих вопросов все же попадется на экзамене: у вас уже будут идеи!

Во время экзамена, Part 2

В этой части вопросы сформулированы таким образом, чтобы на них могли ответить все. Крайне редко бывает, что кандидату нечего сказать по этим общечеловеческим темам. Но допустим, что вам правда нечего сказать. Что делать?

1. Объясните, почему вам нечего сказать

Все, что вам нужно сделать, — это объяснить, почему вам нечего сказать. Допустим, вопрос в карточке — о знаменательном событии в вашей жизни, а у вас таковых не было. Так и скажите: жизнь моя скучна и однообразна, и знаменательные события в ней отсутствуют как класс. Развейте эту мысль: это как же так получилось, что в жизни ничего не происходит? Может, вы все время учитесь, и у вас ни на что нет времени? Или вы работаете на трех работах? А может, просто любите спокойную и размеренную жизнь? Главное — показать, что вы поняли вопрос, который был задан. После этого не бойтесь перевести тему. Это не Writing, здесь другие правила.

> **Всегда лучше говорить, чем молчать. Самое худшее — это впасть в вербальный паралич.**

2. Художественный вымысел

Как вы уже знаете, экзаменатора совершенно не волнует, говорите вы правду или выдумываете. Главное — быть последовательным в своих выдумках. Допустим, у вас не было никакого знаменательного события в жизни. А у друга или знакомого было? Расскажите его историю от первого лица. Или вспомните историю из фильма или книги — и тоже расскажите ее так, как будто это произошло с вами. Для Part 2 — это простой способ выйти из щекотливой ситуации.

Худшее, что вы можете сделать, — это молча краснеть и бледнеть. Все, что вы скажете, будет использовано в вашу пользу (если это не заученный текст). И только ваше партизанское молчание будет использовано против вас.

3. Человек на все случаи жизни

В Part 2 часто попадаются вопросы про людей: опишите учителя, опишите соседа, опишите маму. Что делают кандидаты? Они начинают описывать учителя, соседа и маму. И, к сожалению, при этом часто страдают и форма, и содержание. Если вы не совсем уверены в своем английском, можно использовать более простой путь: придумайте заранее парочку персонажей (не нужно больше) и детально продумайте, как вы можете их описать. У персонажей должен быть набор характеристик, представленных в виде не банальной, интересной, но в то же время свойственной вашему уровню лексики.

Только не нужно ничего зазубривать! Просто имейте в голове четко продуманные персонажи на все случаи IELTS-жизни и постоянно возвращайтесь к ним во время подготовки. На экзамене вы сможете использовать эти персонажи для описания любого(!) человека. Вам останется только минимально подкорректировать по ходу ответа некоторые моменты, в зависимости от вопроса.

Во время экзамена, Part 3

Напомню, что в третьей части вы участвуете в диалоге, причем чем выше ваш уровень, тем более сложные и абстрактные вопросы вам будут задавать. Совершенно нормально, если вы никогда не задумывались над тем вопросом, который вам задаст экзаменатор в этой части. Вы также не обязаны обладать энциклопедическими знаниями по любому вопросу. Особенно часто такие ситуации случаются на уровнях 6.5 баллов и выше: вопросы могут быть безжалостно сбивающими с толку.

В подобных случаях лучше всего использовать уже знакомый вам прием «Объясните, почему вам нечего сказать». Смело говорите, что вы не знаете или не интересовались этим вопросом — и аргументируйте, почему. Вы **можете** переводить разговор на другую тему. Главное — развивать свою мысль логично и последовательно.

SPEAKING TEST

WRITING

Раздел Writing — это, пожалуй, самый зловещий и самый сложный раздел IELTS. Я знаю случаи, когда кандидаты сдавали экзамен множество раз, и постоянно не дотягивали до нужного балла именно по причине Writing. Читать — не проблема. Слушать — легко. Даже за Speaking регулярно получают заслуженную семерку. А вот Writing никак не дается. Если и для вас эссе, графики и письма являются чем-то пугающим и неизведанным, эта глава поможет вам понять, как улучшить балл и перестать ходить по замкнутому кругу.

В 2018 году наконец-то появилась компьютерная версия IELTS, а это значит, что стало можно печатать, а не писать от руки. Вопреки моим ожиданиям, что с появлением этой опции все радостно кинутся сдавать IELTS на компьютере, очень многие кандидаты по-прежнему предпочитают писать от руки! Причины разные. Кто-то медленно печатает по-английски, кому-то проще излагать свои мысли, когда

WRITING

в руке карандаш или ручка, кто-то делает больше ошибок, когда печатает. Computer-delivered IELTS подходит только тем, кто умеет быстро стучать по английский клавиатуре, и имеет свои нюансы. Обязательно убедитесь, что вы подробно ознакомились с новым форматом, и выберите из двух вариантов тот, который вызовет у вас меньше технических затруднений. В первую очередь проверьте, что у вас занимает меньше времени, писать от руки или печатать, и учитывайте этот фактор при выборе варианта IELTS (paper-based или computer-delivered).

Writing состоит из двух письменных заданий (Task 1 & Task 2) и длится час, при этом рекомендуется уделить 20 минут — Task 1 и 40 минут — Task 2. В зависимости от модуля, Task 1 будет отличаться. IELTS Academic — это описание графика, таблицы, схемы, процесса или карты. IELTS GT — письмо. Что касается Task 2, то это всегда эссе.

| ТЕХНИКА БЕЗОПАСНОСТИ

Прежде чем мы перейдем к подробному разбору Writing, обратите внимание на универсальные советы, которые подходят для всех заданий этого раздела.

1. Если вы планируете сдавать paper-based IELTS, **тренируйтесь писать задания на официальном бланке** (его можно скачать в интернете). Таким образом вы привыкнете писать нужное количество слов (посчитайте один раз, какой объем текста нужно написать для

Task 1 & Task 2, и в дальнейшем ориентируйтесь на этот объем).

2. **Внимательно — нет, внимательно! — читайте задание.** Огромное количество Task 1 & Task 2 не дотягивают до более высокого балла из-за того, что кандидаты неправильно поняли задание. Они часто пишут о чем-то своем: либо на совершенно другую тему, либо на отдаленно напоминающую вопрос в задании. Ошибиться в интерпретации темы очень просто, от этого не застрахованы даже кандидаты, которые могли бы получить 8 баллов. Но не получили — именно потому, что неправильно поняли задание.

3. **Уделяйте внимание орфографии.** В отличие от Word, который в нашей повседневной жизни услужливо исправляет ошибки, карандаш и бумага такими сверхвозможностями не обладают.

4. **Не используйте галочки, точечки, нумерацию и прочие символы**. И Task 1, и Task 2 должны представлять собой несколько параграфов, без дополнительных спецэффектов.

5. **Показывайте, где начинается новый параграф.** Проще всего для этих целей использовать красную строку или оставлять пус-тую строчку между параграфами. Главное — экзаменатору должно быть понятно, где заканчивается один параграф и начинается следующий.

WRITING

6. **Развивайте свою мысль последовательно и логично.** Вне зависимости от задания и вне зависимости от модуля.

7. **Обязательно перечитайте написанное.** Когда тренируетесь дома, делайте это вслух.

| IELTS ACADEMIC, TASK 1

Academic Task 1 — это таблица, график, описание процесса или карты.

You will be presented with a graph, table, chart or diagram and asked to describe, summarise or explain the information in your own words. You may be asked to describe and explain data, describe the stages of a process, how something works or describe an object or event.[3]

Для успешного выполнения этого задания требуется навык анализировать информацию, выделять главное и игнорировать второстепенное. При этом крайне важно воздержаться от выводов. Task 1 может выглядеть, например, так:

[3] https://www.ielts.org/about-the-test/test-format

WRITING TASK 1

You should spend about 20 minutes on this task.

> *The bar chart below shows the percentage of Australian men and women in different age groups who did regular physical activity in 2010.*
>
> *Summarise the information by selecting and reporting the main features, and make comparisons where relevant.*

Write at least 150 words.

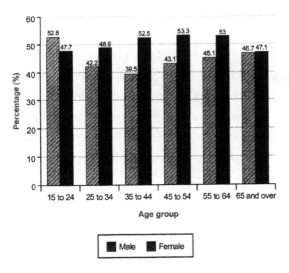

Percentage of Australian men and women doing regular physical activity: 2010

Источник: IELTS Academic 12 With Answers

При ответе на Task 1 проще всего придерживаться следующего порядка:

1. Introduction (describe the visuals): одно-два предложения, в которых вы кратко описываете то,
   что видите в задании. Это таблица? График?
   Описание процесса? Не обязательно выделять

Introduction в отдельный параграф, хотя такой вариант тоже возможен.

2. Overview (summarize the visuals). Это крайне важный элемент Task 1, который занимает почетное место в критериях оценки. Опишите самое главное, то есть те ключевые моменты, которые вы вынесли из того, что увидели и проанализировали. Вы можете написать Overview как после Introduction, так и в конце, после Summary.

3. Summary (use data to highlight key features): с помощью фактической информации и цифр вам нужно проиллюстрировать Overview. Обычно эту информацию можно уложить в один параграф. Если вам есть что сказать, не стесняйтесь и напишите еще один.

4. Conclusion (optional): заключение писать совершенно не обязательно. Более того, зачастую оно даже вредит. Это происходит потому, что кандидаты начинают высказывать свое мнение, делать выводы и предположения, чем портят все то, что они так прекрасно и правильно написали до этого.

Вот пример выполненного задания, с оценкой и комментарием экзаменатора.

WRITING TASK 1

You should spend about 20 minutes on this task.

> *The diagram below shows how geothermal energy is used to produce electricity.*
>
> *Summarise the information by selecting and reporting the main features, and make comparisons where relevant.*

Write at least 150 words.

Geothermal power plant

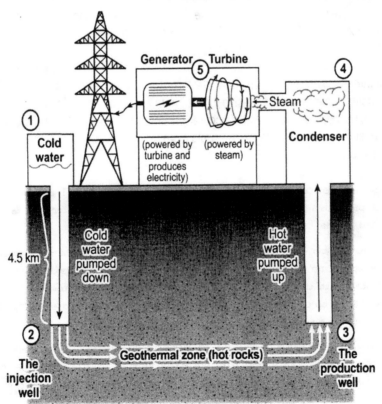

SAMPLE ANSWER

This is an answer written by a candidate who achieved a **Band 6.0** score. Here is the examiner's comment:

> The candidate has provided a clear introduction and an overview of the key stages of the process. Each stage is identified and described, although there are some minor errors in the reporting of stage 5. There is room for expansion of the description of each stage, which could help to achieve a higher score. There is a clear overall progression, with each stage being signalled by appropriate markers [*First | in order to | After that | At this point | Then, the final step | Finally*]. These markers are adequate, but a higher score might be achieved by varying their position in each sentence, rather than always placing them at the beginning. The range of vocabulary is adequate for the task and there are attempts to use more variety here [*five general steps | connected | accumulated*], though there are some examples of error in word choice [*box / tank | a circle movements / a circular movement*], in spelling [*undergrownd | trough | conteiner | sumary*] and in word formation [*condensered / condensed | gas / gaseous | trasladated / transferred? | condensering / condensing*]. There is a mix of simple and complex sentence forms, including accurate use of passive forms. There are some errors [*a / an | who / what*], but otherwise the level of accuracy is good. The same level of accuracy, over a wider range of sentence forms, would increase the score on Grammatical Range and Accuracy.

The diagram shows how electricity is produced by geothermal energy. There are five general steps in this process. First, in a big box connected underground, cold water is accumulated in order to be pumped down about 4.5 Km.

After that, water is heated passing trough hot rocks called Geothermal zone and it is pumped up in order to be condensered in a big conteiner. At this point, water is in a gas state and it is put in a turbine which moves it in a circle movements. Then, the final step is to use a generator in order to water be powered and energy can be produced. Finally energy is trasladated to a energy tower.

In sumary, the geothermal power plant is used to create energy in some steps: heating cold water by a geothermal zone and condensering it in order to put it in a generator turbine which is who produces the energy to be used.

Источник: IELTS Academic 12 With Answers.

| IELTS GENERAL TRAINING, TASK 1

Task 1 GT — это письмо, которое может быть официальным (formal), полуофициальным (semi-formal) или личным (personal).

You will be presented with a situation and asked to write a letter requesting information or explaining the situation. The letter may be personal, semi-formal or formal in style.[4]

При написании письма важно:

1. Оценить, в каком стиле его нужно написать;

2. Придерживаться соответствующего тона;

3. Ответить на все подпункты (bullet points).

Первый шаг — правильно определить, в каком стиле нужно написать письмо. Для этого можно воспользоваться вот такой шпаргалкой:

WRITING

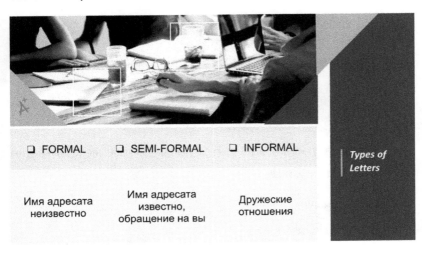

❑ FORMAL	❑ SEMI-FORMAL	❑ INFORMAL	*Types of Letters*
Имя адресата неизвестно	Имя адресата известно, обращение на вы	Дружеские отношения	

---

[4] https://www.ielts.org/about-the-test/test-format

WRITING

Formal Letter

Если вы пишете письмо в организацию или компанию, **не** обращаясь к конкретному человеку по имени, — это formal letter. Посмотрите на пример ниже. В задании написано, что начать письмо нужно с обращения Dear Sir or Madam. Такое обращение — очень явный намек на то, что стиль письма должен быть formal.

WRITING TASK 1

You should spend about 20 minutes on this task.

> **You work at home and have a problem with a piece of equipment that you use for your job.**
>
> **Write a letter to the shop or company which supplied the equipment. In your letter**
> - **describe the problem with the equipment**
> - **explain how this problem is affecting your work**
> - **say what you want the shop or company to do**

Write at least 150 words.

You do **NOT** need to write any addresses.

Begin your letter as follows:

Dear Sir or Madam,

Источник: IELTS General Training 12 With Answers.

Один из главных элементов письма — соответствующие обращение и подпись:

Dear Sir/Madam,
ТЕКСТ ПИСЬМА
Yours faithfully,
First + Last Name

Требование заканчивать письмо Yours faithfully - это причуды British English. В American English в официальных письмах в основном используется менее формальное Sincerely yours. Несмотря на это, если вы не хотите усложнять себе жизнь, в том случае, если вы классифицировали письмо как formal, заканчивайте его подписью Yours faithfully.

Semi-Formal Letter

В semi-formal letter вы обращаетесь к адресату по имени и при этом соблюдаете субординацию. Например, это может быть ваш начальник. Если бы вы писали такое письмо по-русски, вы, скорее всего, обратились бы к адресату на вы. В некоторых источниках можно прочитать, что обращение должно строиться по формуле Dear + Mr/Ms/Mrs Last Name. Другие авторы утверждают, что также можно использовать Dear + First Name, но при этом соблюдать конвенции официального стиля. Я придерживаюсь здравого смысла, поэтому голосую за второй вариант. Объясню, почему, на примере этого задания.

WRITING

General Training
Task 1

Semi-formal Letter

You are experiencing financial problems and want to ask your landlord if you can pay your rent late.

Write a letter to your landlord. In your letter explain:

❑ **Why you are writing to him**
❑ **Why you can not pay the rent**
❑ **When you will pay the rent**

Из задания следует, что вам нужно написать письмо человеку, у которого вы снимаете квартиру. Очевидно, что вы знаете, как зовут вашего арендодателя, но при этом отношения у вас не панибратские. Несмотря на наличие субординации, маловероятно, что вы будете обращаться к этому человеку Dear Mr Brown, поэтому в данной ситуации можно написать Dear David. Если же вы хотите перестраховаться на 200%, пишите во всех подобных случаях Dear + Mr/Ms/Mrs Last Name.

На мой взгляд, в отношении правил написания писем IELTS сильно отстал от жизни: например, в American English официоз и расшаркивания в корреспонденции встречаются достаточно редко. Я не могу представить, что человек, который снимает у нас квартиру, вдруг начнет обращаться к нам Mr D'Arcy или Mrs D'Arcy. Также как и подписывать свои имейлы Sincerely yours. Но тем не менее, чтобы избежать проблем, проще всего придерживаться таких немного «чопорных» схем.

Приветствие и подпись в semi-formal letter будут выглядеть следующим образом:

Dear Mr/Ms/Mrs Last Name,
ТЕКСТ ПИСЬМА
Sincerely yours,
First Name + Last Name

Вот пример письма на 7 баллов, с комментариями экзаменатора.

WRITING TASK 1

You should spend about 20 minutes on this task.

> **There have been several complaints about the reception area where visitors to your company arrive. Your manager has asked you to suggest how the reception area could be improved.**
>
> **Write a letter to your manager. In your letter**
> * **describe the complaints that have been made**
> * **say why the reception area is important**
> * **suggest how the reception area could be improved**

Write at least 150 words.

You do **NOT** need to write any addresses.

Begin your letter as follows:

Dear .... *,*

SAMPLE ANSWER

This is an answer written by a candidate who achieved a **Band 7.0** score. Here is the examiner's comment:

> The letter opens with a clear statement of purpose and goes on to address each bullet point, covering the first and the third at some length. There is room for expansion of the second bullet point. Information and ideas are logically organised, following the bullet points, and there is a clear progression throughout the response. There is a range of linking devices [*as well as* | *due to* | *What is more* | *In addition* | *which leads to* | *Needless to say* | *Taking everything into consideration* | *Moreover* | *Finally*], although not all of these are strictly necessary. There is evidence of less common vocabulary [*outline* | *improvements* | *implemented* | *spacious* | *overcrowded* | *beneficial* | *advantageous*] and use of collocations [*expressed their dissatisfaction* | *image of a company* | *first impression*]. There are only occasional spelling errors [*reseptionist* | *equipt* | *sesirelly*], but the meaning is always clear (the position of [*sesirelly*] makes it clear that [sincerely] was intended). A variety of complex grammatical structures is used flexibly, while control over grammar and punctuation is good, apart from the use of a full stop rather than a comma in the phrase [*area.due to the fact that*].

Dear Mr Smith,

I am writing to outline the complaints that have been made about the reception area as well as to suggest several improvements to be implemented.

A number of visitors expressed their dissatisfaction with our company's reception area, due to the fact that it is not spacious and overcrowded. What is more, there are not enough desks to full in the various forms. In addition, only one reseptionist can be addressed to with a great number of questions which leads to the place being overcrowded.

Needless to say, the area where visitors arrive is extremely important as it is the image of a company and gives the first impression about the organization.

Taking everything into consideration, it is highly recommended to widen the reception area by using the room next to it

Moreover, it would be beneficial to equipt the place with additional furniture for visitors to use. Finally, hiring a second receptionist would be definitely advantageous.

I am looking forward to the changes being implemented.

Yours sesirelly,

Источник: IELTS General Training 12 With Answers.

Personal (Informal) Letter

Если вам попадется этот вид письма, считайте, что вам крупно повезло. Это самый простой вариант, и он дает наибольшую свободу при написании. Это письмо другу, члену семьи или близкому знакомому. Обращаться к адресату можно так, как вам хочется:

Hello Vasya/Hi Vasya/Dear Vasya,
ТЕКСТ ПИСЬМА
Best regards/Regards/Best wishes/Love,
First Name

Как видите, и в обращении, и в подписи гораздо больше возможностей для творчества, чем в первых двух видах письма.

| TASK 2

Task 2 — это эссе. Это задание фундаментальнее и монументальнее, чем Task 1, и при подсчете общей оценки за Writing «весит» больше. Темы заданий даются в зависимости от модуля. Обратите внимание на разницу в требованиях к стилю эссе в модулях Academic & GT:

Academic Task 2 — you will be asked to write an essay **in a formal style** in response to a point of view, argument or problem.

GT Task 2 — you will be asked to write an essay in response to a point of view, argument or problem. The essay can be **fairly personal in style.**[5]

Последняя фраза оставляет простор для фантазий и интерпретаций, но напрашивается вывод, что в эссе GT можно позволить себе чуть больше вольностей.

Вот пример эссе IELTS GT, оцененное экзаменатором на 7 баллов.

WRITING

WRITING TASK 2

You should spend about 40 minutes on this task.

Write about the following topic:

> *In many places, new homes are needed, but the only space available for building them is in the countryside. Some people believe it is more important to protect the countryside and not build new homes there.*
>
> *What is your opinion about this?*

Give reasons for your answer and include any relevant examples from your own knowledge or experience.

Write at least 250 words.

SAMPLE ANSWER

This is an answer written by a candidate who achieved a **Band 7.0** score. Here is the examiner's comment:

This is a well-organised piece of writing, presenting ideas on both sides of the debate, developing these ideas effectively and also showing the candidate's own position throughout the response. Ideas are logically organised and there is a clear progression in the train of thought. Each paragraph has a clear central topic, which is developed, and there is effective use of cohesive devices. The lexical resource is sufficient to allow some flexibility and precision and there is use of less common items [*natural ecosystem* | *human settlement* | *engineering projects* | *the most extreme supporters of* | *in harmony with surrounding nature*]. There are occasional errors in spelling and collocation [*prominance* | *heavy debates* | *go extinct*], but these do not detract from overall clarity. There is a variety of complex structures, used with flexibility and accuracy, while grammar and punctuation are generally well controlled. Errors do not adversely affect the overall message.

Presently, the problem of a living space has risen into prominence in many places of the country. There is absolutely no way to build new houses in some cities, and a lot of people suggest to carry out construction in the countryside. However, it is a controversial topic introducing heavy debates.

Opponents of urbanisation of former rural areas state that it would cause a dramatic effect on the natural ecosystem of such places. The most drastic consequences are caused by infrastructure that necessarily follows any human settlement – that is, roads, power lines, means of water supply and such. The construction of those engineering projects leads to destruction of natural bioms of ponds, rivers and forests, causing many animals to migrate or go extinct. The arguments of environmentalists do make sense, but there also valuable ideas supporting the countryside occupation.

First of all, not even the most extreme supporters of spreading urbanization maintain that all of the countryside should be filled with homes all over the place. In fact, there are good examples of even larger cities living perhaps not in harmony with surrounding nature, but at least in some form of cooperation. Having a considerable amounts of parks inside inhabited area help both people to feel themselves better and plants and animals to have some sort of home. If I may to present an example, the city of Zaporizhia where I live has a large island between the parts of the city which is covered with trees and largely unoccupied, being a nice counterpart to heavily populated nearby districts.

In conclusion, I would like to stress that while opponents of countryside settlements have many valid points, the situation is not as drastic as they portray it, and the co-existence of human population with nature is quite possible.

Источник: IELTS General Training 12 With Answers.

ВРЕДНЫЕ СОВЕТЫ И АЛЬТЕРНАТИВНАЯ РЕАЛЬНОСТЬ

Пожалуй, больше всего IELTS-мифов и вредных советов относится к тому, как нужно писать эссе. Неофициальные источники, посвящённые подготовке к IELTS, блестят и переливаются пошаговыми рецептами, схемами и шаблонами. Чего там только нет! И хотя среди вороха мифотворчества встречаются зёрна истины, они оказываются погребены под тоннами недостоверной информации.

Среди прочего, утверждается, что необходимо:

1. Определить тип эссе;

2. Построить его по соответствующей схеме;

3. Использовать определенное количество предложений в каждом параграфе и расположить их в фиксированном порядке;

4. В Introduction перефразировать вопрос и сообщить, о чем будет эссе;

5. В Conclusion повторить все то же самое, только другими словами;

6. Использовать универсальные фразы-заготовки;

7. Подтвердить **каждую** идею примером, статистикой или мнением британских ученых;

8. Использовать определенные слова-связки;

9. Начать Conclusion со слов In conclusion или To conclude, и никак иначе.

Несмотря на все разнообразие подобных советов и директив, объединяет их одно: следовать им не обязательно. Более того, очень часто они становятся препятствием на пути к баллу выше 6.5.

Нельзя сказать, что все эти советы безоговорочно неправильны и одинаково вредны. Если бы это было так, подобные ресурсы не были бы настолько популярны.

Для большинства кандидатов определение типа эссе и следование шаблонам — действительно самый простой способ получить свои 6.5 баллов.

Проблема в том, что **неудачные комбинации** вредных советов перекрывают доступ к баллу 7 и выше, заставляя годами ходить по неправильному пути. Отдельного внимания заслуживает переход с 6.5 баллов до 7. Какие-то «ничтожные» полбалла, но на самом деле — это огромный качественный скачок. Именно поэтому подавляющее большинство проблем, пересдач и слез случается именно на этом этапе. Люди бьются без преувеличения годами. Просто заколдованный балл!

> **В действительности в рамках IELTS не существует шаблонов и схем, которым вы должны следовать. Структура эссе весьма подвижна и с удовольствием примет форму ваших мыслей.**

Ваша задача — максимально четко и по делу ответить на поставленный вопрос. Если вы сделаете это, продемонстрировав высокий уровень английского, вы получите заслуженные 7, 8 или 9 баллов.

О том, что нет никаких жестких ограничений и требований, я впервые заподозрила на тренинге экзаменаторов, во время которого нам не сказали ни слова о том, что нужно оценивать эссе на предмет следования определенному формату. В официальных источниках вы также не найдете никаких упоминаний на эту тему. Дальше мои подозрения только росли и крепли, пока не нашли окончательное разрешение в книге *The Key to IELTS Success*.[6] Автор является составителем экзамена-

6 Cullen, P. The Key to IELTS Success.

WRITING

ционных вопросов и экзаменатором IELTS с 1992 года. В своей книге она развенчивает многие IELTS-мифы, попутно сокрушаясь относительно повсеместного распространения недостоверной информации. Прочитав ее книгу, я окончательно убедилась, что подход к написанию эссе может и даже иногда должен быть отличным от того, который продвигается на многочисленных ресурсах.

Почему же эти шаблоны, схемы и британские ученые везде, куда ни глянь? Что это за «всемирный заговор»? Заговора, конечно, нет, однако происходящее вполне можно назвать массовой дезинформацией. Но с какой целью?

Дело в том, что на первый взгляд, так проще всем. Студентам — писать по шаблону. Учителям — обучать такому подходу (кстати, большинство из них просто не знают, что существуют другие варианты: они тоже являются заложниками дезинформации). Создателям многочисленных сайтов — продавать волшебные таблетки для IELTS-успеха. В результате эти схемы в комплекте с вредными советами как панацею продвигают учителя, коучи, эксперты и даже некоторые несознательные экзаменаторы.

Но если от этого всем так хорошо и просто, в чем проблема? Недостаток шаблонов и искусственных ограничений состоит в том, что зачастую они не дают студентам выйти за пределы 6.5, в лучшем случае 7 баллов, или достичь максимально возможного балла. То, что получается на выходе в результате следования этим советам, выглядит настолько «бедно», что редко тянет на более высокий балл: в это прокрустово ложе практически невозможно вместить что-то «дорогостоящее». Кроме того, авторы этих советов говорят о множестве технических моментов, но редко объясняют, как же сделать самое главное: правильно понять вопрос и ответить на него максимально объемно и точно.

А ведь этому нужно учиться прежде всего, иначе низкий балл за первый критерий, Task Response, будет тянуть оценку вниз.

Несмотря на все сказанное, в отличие от автора *The Key to IELTS Success*, я менее категорична в отношении шаблонов и классификации эссе по типам, и не являюсь их безусловной противницей. Как я уже писала ранее, для большинства кандидатов шаблонно-схематичного подхода будет вполне достаточно. Проблемы начинаются тогда, когда такой подход к написанию эссе преподносится как единственно правильный; когда студентов запугивают, что отход от схем грозит снижением балла; и когда, **при условии достаточного уровня английского,** из-за этого узкого формата они не могут получить нужный балл.

Есть студенты, для которых выход за рамки схем — единственный способ получить нужный балл. Обычно они относятся к следующим двум группам:

1. Уровень С1-С2; хотят получить 7.5 и больше за Writing.

2. Получили 7 баллов или больше за все разделы, а за Writing — не более 6.5, и этого недостаточно.

Также имеет смысл отходить от схем тем, кто хорошо пишет на своем родном языке и кому претят шаблоны и ограничения. В этом случае это вопрос не столько необходимости, сколько личных предпочтений.

Если вы к перечисленным категориям не относитесь и не претендуете больше чем на 6.5 баллов, скорее всего, для вас безопаснее будет писать по шаблонам, особенно если вы уже набили на этом руку. **При достаточном уровне английского**, с большой долей вероятности это позволит вам получить 6.5 и даже 7 баллов (все зависит от того, какое количество вредных советов вы используете и насколько они вредны). Если не получится, тогда нужно будет в той или иной степени отходить от схем.

Так какая же альтернатива подсчету предложений и прочим унылым приемам —для тех, кому нужны уверенные 7 и больше? Единственная непреложная конвенция написания эссе — это то, что оно должно состоять из параграфов. В Introduction нужно задать контекст. В основной части — любым способом аргументированно ответить на вопрос. В Conclusion — логично завершить ответ. Также можно объединить Introduction с основной частью, но это уже высший пилотаж.

Оформить мысли при ответе на любой вопрос поможет «гамбургер» эссе, который состоит из нескольких слоев-параграфов. В отличие от фиксированных и жестких директив, этот подход к написанию эссе предполагает наполнение «гамбургера» не заученными фразами и пресными шаблонами, а оригинальными и полезными ингредиентами на ваш вкус. Для простоты назовем этот метод «фристайл».

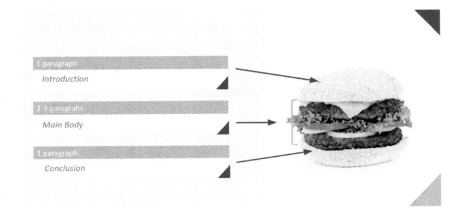

Тот факт, что не обязательно следовать шаблонам и схемам, не означает, что не нужно учиться писать: это нужно делать в любом случае, просто в данном случае вы будете более свободны.

Всем ли подходит этот «праздник непослушания»?

> **Степень вашей свободы зависит от уровня английского и от того, какой балл вы хотите получить. Если у вас не хватает уровня, недостаточно просто перейти на фристайл. В этом случае нужно сначала довести английский до нужной кондиции.**

Бывают случаи, когда, написав эссе по схемам и следуя некоторым (**некоторым, не всем!**) вредным советам, кандидатам удается получить 7–8 баллов. Это происходит, как правило, за счет очень высокого уровня английского, который находит свое выражение в критериях LR & GR. Также бывает, что экзаменатор ошибается в пользу кандидата (это происходит достаточно часто). Кроме того, некоторые экзаменаторы почитывают те же самые недостоверные ресурсы, что и кандидаты, и не всегда могут устоять перед массовой дезинформацией. Но даже с учетом всех этих факторов, не стоит на это рассчитывать: все-таки адекватных экзаменаторов — большинство.

Что касается 8.5–9 баллов, я не знаю ни одного случая, чтобы эссе, которое было написано **по жестким схемам**, было оценено на такие баллы. Этого недостаточно, даже при наличии великолепного английского.

Резюмирую сказанное. Многие ресурсы и преподаватели советуют определить тип эссе и наполнить «гамбургер» стандартными, порой вредными ингредиентами. Написав эссе по шаблону, вы получите привычный вкус гамбургера из McDonalds, который соответствует ожиданиям неприхотливого клиента и гарантированно утоляет голод. Если же вам нужно нечто большее, есть вариант приготовить авторский гамбургер от шеф-повара, с оригинальными и свежими ингредиентами. И именно этот кулинарный шедевр (точнее, эпистолярный) при должном исполнении произведет нужное впечатление на экзаменатора и обеспечит вам высокий балл.

ТИПЫ ЭССЕ, КОТОРЫХ НА САМОМ ДЕЛЕ НЕТ

В предыдущем разделе мы уже немного затронули тему типов эссе. Препарируем этот щекотливый момент. Возможно, при подготовке к IELTS вам встречалась классификация эссе на несколько типов, например, Opinion, Discussion и так далее. Эта классификация дается для того, чтобы научить студентов писать по схеме, соответствующей каждому типу эссе. Казалось бы, какая радость, какое облегчение! Определяем тип, вспоминаем схему, пишем ответ. Но есть один «крохотный» нюанс. Как вы уже наверняка догадались, в рамках IELTS типов эссе не существует. Ко всем заданиям подход один и тот же: максимально полно ответить на вопрос.

Тем, кто умеет хорошо писать, нет необходимости классифицировать эссе на типы. Более того, чрезмерное фокусирование на типе эссе зачастую отводит кандидатов от главного: ответа на вопрос.

И все же, являясь закоренелым реалистом, я понимаю, что полный фристайл по плечу слишком небольшому количеству студентов, чтобы активно продвигать этот метод. На мой взгляд, определение типа эссе и его написание в соответствии с этим типом — это не такое большое зло (а иногда и вовсе не зло), как шаблонные фразы, подсчет предложений и вымученные примеры. Поэтому я все-таки склоняюсь к тому, что этой классификацией можно пользоваться. Но с одной важной оговоркой.

Даже если вы пишете по схеме, соответствующей определенному типу эссе, по максимуму наполняйте «гамбургер» оригинальными ингредиентами. Не подсчитывайте предложения, не злоупотребляйте стандартными фразами-заготовками. И всегда помните, что самое главное в эссе — сам вопрос задания: важно его правильно понять и ответить максимально полно.

Я очень долго не могла определиться, включать классификацию по типам эссе в книгу или нет. В итоге, уже когда была готова верстка, я удалила эту часть по причине того, что вариантов таких классификаций несколько, и выбрать наименьшее из зол я не решилась. Типы эссе и схемы вы с легкостью найдете на просторах интернета.

| КРИТЕРИИ ОЦЕНКИ

Существует две таблицы критериев оценки: одна находится в открытом доступе; второй пользуются экзаменаторы, и она является конфиденциальной. Для каждого вида заданий — Task 1 и Task 2 — имеется отдельная таблица.

IELTS™ WRITING TASK 1: Band Descriptors (public version)

Band	Task achievement	Coherence and cohesion	Lexical resource	Grammatical range and accuracy
9	• fully satisfies all the requirements of the task • clearly presents a fully developed response	• uses cohesion in such a way that it attracts no attention • skilfully manages paragraphing	• uses a wide range of vocabulary with very natural and sophisticated control of lexical features; rare minor errors occur only as 'slips'	• uses a wide range of structures with full flexibility and accuracy; rare minor errors occur only as 'slips'
8	• covers all requirements of the task sufficiently • presents, highlights and illustrates key features/ bullet points clearly and appropriately	• sequences information and ideas logically • manages all aspects of cohesion well • uses paragraphing sufficiently and appropriately	• uses a wide range of vocabulary fluently and flexibly to convey precise meanings • skilfully uses uncommon lexical items but there may be occasional inaccuracies in word choice and collocation • produces rare errors in spelling and/or word formation	• uses a wide range of structures • the majority of sentences are error-free • makes only very occasional errors or inappropriacies
7	• covers the requirements of the task • (A) presents a clear overview of main trends, differences or stages • (GT) presents a clear purpose, with the tone consistent and appropriate • clearly presents and highlights key features/bullet points but could be more fully extended	• logically organises information and ideas; there is clear progression throughout • uses a range of cohesive devices appropriately although there may be some under-/over-use	• uses a sufficient range of vocabulary to allow some flexibility and precision • uses less common lexical items with some awareness of style and collocation • may produce occasional errors in word choice, spelling and/or word formation	• uses a variety of complex structures • produces frequent error-free sentences • has good control of grammar and punctuation but may make a few errors
6	• addresses the requirements of the task • (A) presents an overview with information appropriately selected • (GT) presents a purpose that is generally clear; there may be inconsistencies in tone • presents and adequately highlights key features/ bullet points but details may be irrelevant, inappropriate or inaccurate	• arranges information and ideas coherently and there is a clear overall progression • uses cohesive devices effectively, but cohesion within and/or between sentences may be faulty or mechanical • may not always use referencing clearly or appropriately	• uses an adequate range of vocabulary for the task • attempts to use less common vocabulary but with some inaccuracy • makes some errors in spelling and/or word formation, but they do not impede communication	• uses a mix of simple and complex sentence forms • makes some errors in grammar and punctuation but they rarely reduce communication
5	• generally addresses the task; the format may be inappropriate in places • (A) recounts detail mechanically with no clear overview; there may be no data to support the description • (GT) may present a purpose for the letter that is unclear at times; the tone may be variable and sometimes inappropriate • presents, but inadequately covers, key features/ bullet points; there may be a tendency to focus on details	• presents information with some organisation but there may be a lack of overall progression • makes inadequate, inaccurate or over-use of cohesive devices • may be repetitive because of lack of referencing and substitution	• uses a limited range of vocabulary, but this is minimally adequate for the task • may make noticeable errors in spelling and/or word formation that may cause some difficulty for the reader	• uses only a limited range of structures • attempts complex sentences but these tend to be less accurate than simple sentences • may make frequent grammatical errors and punctuation may be faulty; errors can cause some difficulty for the reader
4	• attempts to address the task but does not cover all key features/bullet points; the format may be inappropriate • (GT) fails to clearly explain the purpose of the letter; the tone may be inappropriate • may confuse key features/bullet points with detail; parts may be unclear, irrelevant, repetitive or inaccurate	• presents information and ideas but these are not arranged coherently and there is no clear progression in the response • uses some basic cohesive devices but these may be inaccurate or repetitive	• uses only basic vocabulary which may be used repetitively or which may be inappropriate for the task • has limited control of word formation and/or spelling; • errors may cause strain for the reader	• uses only a very limited range of structures with only rare use of subordinate clauses • some structures are accurate but errors predominate, and punctuation is often faulty
3	• fails to address the task, which may have been completely misunderstood • presents limited ideas which may be largely irrelevant/repetitive	• does not organise ideas logically • may use a very limited range of cohesive devices, and those used may not indicate a logical relationship between ideas	• uses only a very limited range of words and expressions with very limited control of word formation and/or spelling • errors may severely distort the message	• attempts sentence forms but errors in grammar and punctuation predominate and distort the meaning
2	• answer is barely related to the task	• has very little control of organisational features	• uses an extremely limited range of vocabulary; essentially no control of word formation and/or spelling	• cannot use sentence forms except in memorised phrases
1	• answer is completely unrelated to the task	• fails to communicate any message	• can only use a few isolated words	• cannot use sentence forms at all
0	• does not attend • does not attempt the task in any way • writes a totally memorised response			

(A) Academic | (GT) General Training

Источник: http://ielts.org

IELTS is jointly owned by the British Council, IDP: IELTS Australia and Cambridge English Language Assessment.

Page 1 of 1

IELTS

WRITING TASK 2: Band Descriptors (public version)

Band	Task response	Coherence and cohesion	Lexical resource	Grammatical range and accuracy
9	• fully addresses all parts of the task • presents a fully developed position in answer to the question with relevant, fully extended and well supported ideas	• uses cohesion in such a way that it attracts no attention • skilfully manages paragraphing	• uses a wide range of vocabulary with very natural and sophisticated control of lexical features; rare minor errors occur only as 'slips'	• uses a wide range of structures with full flexibility and accuracy; rare minor errors occur only as 'slips'
8	• sufficiently addresses all parts of the task • presents a well-developed response to the question with relevant, extended and supported ideas	• sequences information and ideas logically • manages all aspects of cohesion well • uses paragraphing sufficiently and appropriately	• uses a wide range of vocabulary fluently and flexibly to convey precise meanings • skilfully uses uncommon lexical items but there may be occasional inaccuracies in word choice and collocation • produces rare errors in spelling and/or word formation	• uses a wide range of structures • the majority of sentences are error-free • makes only very occasional errors or inappropriacies
7	• addresses all parts of the task • presents a clear position throughout the response • presents, extends and supports main ideas, but there may be a tendency to over-generalise and/or supporting ideas may lack focus	• logically organises information and ideas; there is clear progression throughout • uses a range of cohesive devices appropriately although there may be some under-/over-use • presents a clear central topic within each paragraph	• uses a sufficient range of vocabulary to allow some flexibility and precision • uses less common lexical items with some awareness of style and collocation • may produce occasional errors in word choice, spelling and/or word formation	• uses a variety of complex structures • produces frequent error-free sentences • has good control of grammar and punctuation but may make a few errors
6	• addresses all parts of the task although some parts may be more fully covered than others • presents a relevant position although the conclusions may become unclear or repetitive • presents relevant main ideas but some may be inadequately developed/unclear	• arranges information and ideas coherently and there is a clear overall progression • uses cohesive devices effectively, but cohesion within and/or between sentences may be faulty or mechanical • may not always use referencing clearly or appropriately • uses paragraphing, but not always logically	• uses an adequate range of vocabulary for the task • attempts to use less common vocabulary but with some inaccuracy • makes some errors in spelling and/or word formation, but they do not impede communication	• uses a mix of simple and complex sentence forms • makes some errors in grammar and punctuation but they rarely reduce communication
5	• addresses the task only partially; the format may be inappropriate in places • expresses a position but the development is not always clear and there may be no conclusions drawn • presents some main ideas but these are limited and not sufficiently developed; there may be irrelevant detail	• presents information with some organisation but there may be a lack of overall progression • makes inadequate, inaccurate or over-use of cohesive devices • may be repetitive because of lack of referencing and substitution • may not write in paragraphs, or paragraphing may be inadequate	• uses a limited range of vocabulary, but this is minimally adequate for the task • may make noticeable errors in spelling and/or word formation that may cause difficulty for the reader	• uses only a limited range of structures • attempts complex sentences but these tend to be less accurate than simple sentences • may make frequent grammatical errors and punctuation may be faulty; errors can cause some difficulty for the reader
4	• responds to the task only in a minimal way or the answer is tangential; the format may be inappropriate • presents a position but this is unclear • presents some main ideas but these are difficult to identify and may be repetitive, irrelevant or not well supported	• presents information and ideas but these are not arranged coherently and there is no clear progression in the response • uses some basic cohesive devices but these may be inaccurate or repetitive • may not write in paragraphs or their use may be confusing	• uses only basic vocabulary which may be used repetitively or which may be inappropriate for the task • has limited control of word formation and/or spelling; errors may cause strain for the reader	• uses only a very limited range of structures with only rare use of subordinate clauses • some structures are accurate but errors predominate, and punctuation is often faulty
3	• does not adequately address any part of the task • does not express a clear position • presents few ideas, which are largely undeveloped or irrelevant	• does not organise ideas logically • may use a very limited range of cohesive devices, and those used may not indicate a logical relationship between ideas	• uses only a very limited range of words and expressions with very limited control of word formation and/or spelling • errors may severely distort the message	• attempts sentence forms but errors in grammar and punctuation predominate and distort the meaning
2	• barely responds to the task • does not express a position • may attempt to present one or two ideas but there is no development	• has very little control of organisational features	• uses an extremely limited range of vocabulary; essentially no control of word formation and/or spelling	• cannot use sentence forms except in memorised phrases
1	• answer is completely unrelated to the task	• fails to communicate any message	• can only use a few isolated words	• cannot use sentence forms at all
0	• does not attend • does not attempt the task in any way • writes a totally memorised response			

IELTS is jointly owned by the British Council, IDP: IELTS Australia and the University of Cambridge ESOL Examinations (Cambridge ESOL).

Page 1 of 1

Источник: http://ielts.org

Письменные работы оцениваются по четырем критериям:

1. Task Achievement (TA) / Task 1 & Task Response (TR) /Task 2
2. Coherence & Cohesion (CC)
3. Lexical Resource (LR)
4. Grammatical Range & Accuracy (GR)

Когда экзаменатор проверяет задание, за каждый критерий он сначала выставляет отдельную оценку (от 0 до 9), а затем подсчитывает финальный балл. Эта процедура проводится отдельно для Task 1 и Task 2. После этого тест-центр подсчитывает балл за Writing, исходя из оценок за эти два задания. При этом свой вклад Task 1 и Task 2 вносят неравномерно: 33% и 67% соответственно.

Task Achievement/Task Response (TA/TR)

В этом критерии оценивается, ответили ли вы на поставленный вопрос, и насколько полно вы это сделали.

IELTS Academic Task 1

Важно показать, что вы можете подходить к информации аналитически, отделять главное от второстепенного и сравнивать. Также обязательно наличие Overview, то есть выжимки, ключевой информации, которую вы «вытащили» из задания. И наконец, крайне важно описать только факты, не высказывая мнения.

WRITING

IELTS General Training Task 1

Ваш успех, то есть оценка, будет напрямую зависеть от того, выполнит ли письмо свою функцию. Прежде чем начать его писать, подумайте о цели: чего вы хотите добиться от адресата? Какой результат или эффект ожидаете?

Очень важно придерживаться правильного тона: он должен соответствовать типу и цели письма. В идеале у вас внутри должен звучать камертон, по которому вы будете настраивать письмо. Ваша задача — не сфальшивить. Если это официальный тон — используйте официальный язык, лексику делового письма и устойчивые выражения, принятые в бизнес-корреспонденции. Даже если вы пишете жалобу, делайте это вежливо. Что касается письма другу или близкому знакомому, оно пишется в неофициальном стиле. Соответственно, язык такого письма — раскованный, свободный, с сокращениями и идиомами.

Когда вы пишете письмо, в вопросе дается несколько подпунктов (bullet points). В отличие от Speaking Test, где ответы на них — дело добровольное, в Task 1 нужно обязательно включить все эти пункты в свой ответ.

Task 2

Основное коварство Task 2 заключается в самом вопросе задания, и именно поэтому никто не застрахован от снижения оценки за критерий TR: даже кандидаты с великолепным английским часто получают за него 4–5 баллов. Именно из-за того, что экзаменатор поставил низкий балл за TR, многие кандидаты на выходе имеют 6 баллов, хотя ожидают 7.5. Они искренне не понимают, как такое могло произойти, ведь у них отличная грамматика и сильная лексика. Начинают даже подозревать, что оценку занизили. А «виноват» во всем критерий TR.

Ваша задача — правильно понять вопрос и ответить на него максимально точно и полно.

Часто кандидаты неправильно понимают задание, слишком расширяют или сужают вопрос. Например, в задании речь идет о просмотре фильмов на телефоне в сравнении с походом в кино, а кандидат начинает писать о просмотре фильмов на телефоне **только дома**. Это — сужение вопроса.

Старайтесь, чтобы каждая мысль, о которой вы пишете, была связана с вопросом в задании. Развивайте свои мысли: недостаточно просто преподнести какую-то идею в виде краткого тезиса и бросить ее на произвол судьбы.

Часто спрашивают, можно ли в эссе приводить примеры из личного опыта. Этот вопрос в очередной раз доказывает масштаб дезинформации в интернете. Во многих заданиях написано *Provide examples from your own experience*, и несмотря на это, многочисленные сайты утверждают, что это означает, что нужно приводить примеры (реальные или вымышленные) из исследований: «Это же академическое эссе!». Если написано *Provide examples from your own experience*, не только можно, но и нужно это делать.

Coherence & Cohesion (CC)

Этот критерий оценивает, насколько логично и последовательно построен ответ, как связаны между собой его части и предложения. Экзаменатор отмечает, не пишет ли кандидат слишком короткими предложениями, тем самым вызывая подозрение, что он не знает, как их объединять в сложные. Также важно, насколько слова-связки гармонично и незаметно вплетены в текст. В идеале, они не должны привлекать внимание и торчать как чужеродный элемент. Кроме того, учитывается, правильно ли разбит текст на параграфы и вообще, есть ли они. Параграфы должны быть, в противном случае балл за этот критерий снижается до 4–5 баллов.

Lexical Resource (LR)

Этот критерий оценивает словарный запас и орфографию. Постарайтесь использовать уверенный костяк лексики, на котором будет держаться весь текст. При этом периодические вкрапления слов и выражений, в которых вы не очень уверены, покажут экзаменатору, что вы имеете представление о лексике более высокого уровня, хотя пока и не используете ее абсолютно правильно. Однако постарайтесь соблюсти баланс: если таких элементов и попыток будет слишком много, ваш ответ будет тяжело читать.

И еще один важный момент. Если вы делаете ошибки в словоупотреблении и не всегда точно используете лексику — это нормальные и естественные флуктуации, но если в ответе прорастают целые заученные фразы и предложения, которые сильно отличаются по уровню от всего остального текста, это наводит экзаменатора на мысли об их заученности и может привести к потере баллов.

Вы должны продемонстрировать однородный уровень английского с первой и до последней строчки.

Уделите особое внимание орфографии: при наличии ошибок в написании слов оценка за критерий LR снижается вне зависимости от продвинутости лексики.

Grammatical Range & Accuracy (GR)

Экзаменатор оценивает диапазон грамматических структур и времен, а также правильность их употребления. Не игнорируйте пунктуацию. Этот момент многие упускают из виду, в итоге экзаменаторам приходится снижать балл за этот критерий кандидатам с прекрасной грамматикой. Кстати, пунктуация в английском языке простая, так что правила выучить можно очень быстро.

ПОЧЕМУ ОТСТАЕТ БАЛЛ ЗА WRITING

Бывает, что у кандидата очевидно высокий уровень английского, он стабильно получает 7+ за другие разделы, а Writing по-прежнему отстает. В таких случаях может быть несколько неочевидных причин:

1. **Отсутствие привычки или умения хорошо писать на своем родном языке.** Если этого навыка нет, он не возьмется из ниоткуда только по причине подготовки к IELTS.

WRITING

2. **Неправильное понимание вопроса задания или неполное раскрытие темы.** Будьте очень внимательны, когда начинаете свои рассуждения: почти все кандидаты в той или иной мере отклоняются от вопроса.

3. **Орфографические ошибки.** Хороший словарный запас — это прекрасно, но наличие ошибок потянет оценку вниз.

4. **Пунктуационные ошибки.** Даже если грамматика отличная, ошибки в пунктуации не дадут получить высокий балл.

5. **Learning difficulties.** В этом случае есть возможность получить послабления во время сдачи IELTS. На официальном сайте есть подробная информация, как это можно сделать.

6. **Непонимание или незнание настоящих требований IELTS.** Сюда же относятся верования в мифы, пользование ненадежными источниками и неофициальными материалами. Пользуйтесь только официальными материалами и только проверенными преподавателями!

7. **Использование схем и шаблонов при написании эссе.** Репертуар может выглядеть слишком ограниченно для балла вы ше 6.5.

В том случае, если вы не можете получить нужный балл не только за Writing, но и по другим разделам, дело, скорее всего, просто в недостаточном уровне английского.

НОВЫЙ ФОРМАТ ПРОВЕРКИ WRITING

До 2017 года письменные работы проверялись экзаменаторами в том же тест-центре, где сдаются остальные разделы IELTS. Как правило, к каждому центру было приписано несколько Writing Examiners. В последние два-три года тест-центры по всему миру стали терять прерогативу проверять Writing на месте. Теперь все больше и больше тест-цен- тров отправляют письменные работы на проверку экзаменаторам в другие страны, где они это делают у себя дома, на компьютере. На момент написания этой книги список стран, в которых «благословили» такую процедуру, ограничен. Среди них — Канада, Австралия, Великобритания. Это означает, что ваши работы либо уже отправляются далеко-далеко, либо начнут отправляться в ближайшее время. И что про- верять их будет экзаменатор, который ваш тест- центр в глаза не видел.

Хорошая новость состоит в том, что если где-то присут- ствовали манипуляции с результатами, новый формат проверки сведет возможность это делать практически к нулю. В переходе на компьютерную проверку есть и минусы. Поскольку стран, где разрешена проверка на компьютере, пока очень мало, там явная нехватка экзаменаторов, и такой дефицит может привести к негативным последствиям.

ИСТОРИЯ МАРКА: ОКОНЧАНИЕ

Атеперь вернемся к Марку, который никак не мог получить нужный балл и в итоге обратился в школу Jump In. Конечно, по законам жанра напрашивается примерно такой финал: «После занятий в моей школе он сдал IELTS в 21-й раз и наконец-то получил 7 за Speaking & Writing!!!» Но этого не произошло. Точнее, произошло, но не сразу.

Марк сдал IELTS в 21-й раз.

Он получил 7 за Speaking!
Но снова 6.5 за Writing.

Я решила принять непосредственное участие в этой ситуации и попросила Марка прислать примеры письменных заданий. Ситуация сразу прояснилась. В целом, уровень этого студента был такой, что он мог легко получить 7 баллов за Writing. Прям там и прямо тогда. Но также легко он мог получить и 6.

Как и получилось с Task 1 & Task 2, которые он мне прислал. За оба задания я поставила ему 6 баллов.

Исходя из того, что я увидела, результат Марка был нестабилен по двум причинам (были и другие, но эти две — основные). Первое — отклонение от темы, второе — огромное количество орфографических ошибок. Разберем подробнее каждое задание.

Task 1

You have received a letter from your bank asking you to acknowledge receipt of a new bank card. However, the card was missing from the envelope. In your letter to the bank:

- *explain why you are writing*
- *express concern about the missing card*
- *ask them what they intend to do*

Ответ Марка.

> Dear Sir or Madam,
>
> I am writing to express my concern about a missing bank card that I had to receive with the current receipt; the copy of it you may find enclosed. Unfortunately, I was unable to find the new credit card in the envelop.
>
> Please, investigate reasons why the new card was not in the enveloped; maybe it was stollen, or it other people had access to it. I would appreciate

it if you could keep me aware of the details of this investigation.

No matter what the investigation will reveal, I would like the bank to block that card immediately and reproduce another one. What should I do for it? Should I apply a new form or you can use the form that I applied for the missing card?

I hope the problem will be resolved soon, and I look forward to hearing from you.

Yours faithfully,
xxx
1-234-234-23-23
xxxxxx@somedomain.com

Что сразу бросается в глаза? Во-первых, Марк неправильно понял фразу *to acknowledge receipt*. Его просили подтвердить получение банковской карты, а он подумал, что речь о каком-то чеке, и в письме упомянул этот факт. Это сразу обвалило критерий ТА. Во-вторых, из-за большого количества орфографических ошибок та же участь постигла LR.

Task 2

Some people think that they can be fit by going to a gym, while others think there are other better ways to remain fit. Discuss both these views and give your own opinion. Provide relevant examples from your own experience.

Ответ Марка.

It is a widely acknowledged fact that fitness activities are usefull for anyone who wish to care about their body. Indeed, for those who are too slim and want to grow some muscles as well as for those who suffer from additional weight and wish to lose some of it, regular fitness sessions would be the most effective way to accomplish these asperations. This is because the vast majority of exercises people could find in fitness classes are intentially designed for acheiving these goals. Fitness clubs are often equiped with cutting-edge facilities that intended to reduce people's efforts and increase performance outcome, which make the work out process more effective and sometimes, because of reduced efforts, more fun.

On the other hand, doing yoga or cycling are better approaches not only for getting fit but also for being happy and improving the environment correspondingly. It has been satatistically proven that yoga, which is full of stretching, balancing, and power exercises being mixed with special breathing technics, positively affects both physical and psychological aspects of human body and increases people's happiness rate. Cycling is also an aerobic exercise, which involves muscules and resperatoring system to healthy work, and being used as a transport for everyday commutes can help people lose additional weight or, visa versa, to gain the mass when it is needed. Moreover, if the sufficient amount of people decide to substitute the use of private cars for cycling it would significantly reduce the amount of pollutants exhausted by cars. The balanced approach, in my opinion, takes the benefits of the both worlds. People, can switch a transport they use for a bicycle that will be a regular fitness activity and the help for the environment, and they can also visit a gym from time to time if they realise that their progress is not enough and some smart technics and equipments are needed to be involved. Yoga, fortunately, can be done at home or even at work. This balanced approach has been perfectly working for me.

Сам подход к написанию хороший. Марк даже вышел за рамки всех шаблонов и написал эссе в более свободном стиле (тут я узнала почерк экзаменатора Jump In). Но вот все остальное подвело.

1. Irrelevant information. Всего несколько строчек, которые не относились к вопросу, но этого было достаточно, чтобы снизить балл за TR.

Moreover, if the sufficient amount of people decide to substitude the use of private cars for cycling it would significantly reduce the amount of pollutants exhausted by cars.

People, can switch a transport they use for a bicycle that will be a regular fitness activity and the help for the environment.

2. Большое количество орфографических ошибок, и как следствие — снижение баллов за LR.

Вот только некоторые примеры неправильного написания слов:

usefull, asperations, technic, intentially, equiped, muscules, acheiving, satatistically, substitude.

3. Ошибки в использовании самих слов (word usage): например, *respiratoring* вместо *respiratory*.

4. Грамматика в эссе очень неплохая, но есть ошибки, например, *cutting-edge facilities that intended to reduce.*

5. Критерий CC достоин высокой оценки, но есть тенденция к излишнему удлинению предложений.

Балл за Task 2 — 6–6.5, в зависимости от экзаменатора (флуктуация в полбалла — абсолютно нормальное явление).

Выводы, которые можно сделать на основе анализа Task 1 & Task 2 Марка:

1. Отклоняться от темы нельзя ни в коем случае.

2. Орфографические ошибки убивают критерий LR, даже при наличии отличного словарного запаса.

3. Марку больше не нужны занятия IELTS. Он знает достаточно про этот экзамен, чтобы получить 7. Главное для него — не отклоняться от темы и следить за орфографией.

4. В любой непонятной ситуации нужно повышать общий уровень английского.

Но вернемся к истории. От триумфальной сдачи IELTS Марка отделяли 0.5 балла за Writing: 7 баллов за Speaking он уже получил!

Он подал на апелляцию. Мы переживали за него всей школой и всем инстаграм-аккаунтом.

И по результатам апелляции Марку подняли балл с 6.5 до 7 баллов.

С 21-го раза, спустя 3 года попыток и после 16 занятий с экзаменатором, он все-таки получил баллы, которые ему были нужны, по всем разделам, включая Speaking & Writing! Общий балл — 7.5.

Победу тоже праздновали вместе.

Вот его имейл:

> *Здравствуйте, теперь уже родная Яна!!!! Получил результаты апелляции. Мне подняли балл за Writing до 7.0. Так что не получилось у вас написать правдивый пост о том, как Вы не помогли!!!!!:) Спасибо вам огромное!! Окончательные баллы: L 8.0/R 7.5/W 7.0/S 7.0*

ЧТО ДАЛЬШЕ

Поздравляю вас! Теперь у вас есть знания, которых нет почти ни у кого. Вы получили доступ к информации без домыслов и узнали, как выглядит IELTS без мифов. Возможно, что-то вас удивило, с чем-то вы не согласны, в чем-то сложно перестроиться на другую волну. Но с правдой почти всегда так.

Есть разные способы подготовки к IELTS. Можно бросаться на амбразуру в гордом одиночестве, учиться на курсах, участвовать в марафонах, брать индивидуальные занятия или покупать онлайн-курсы. В любом случае, каким бы способом вы ни воспользовались, вы теперь знаете, как отличать мифы от правды, и вас будет крайне сложно сбить с толку. Я уверена, что эта книга даст вам правильное направление в процессе подготовки к IELTS и максимально быстро приблизит к нужному баллу.

Если на каком-то этапе подготовки вы поймете, что вам нужна помощь экзаменатора, который проведет вас по прямому и короткому пути к вашей цели, буду рада видеть вас в своей онлайн-школе Jump In (http://jumpinstudio.com). Это единственная школа, где к IELTS готовят только экзаменаторы. Мы предлагаем индивидуальные занятия по скайпу до победного финиша с преподавателями-корифеями из Канады, Великобритании, США и России. Сотни студентов, которые прошли через Jump In, уже получили нужный балл и живут в Канаде, Австралии и других странах.

Кроме подготовки к IELTS, в Jump In есть занятия General English и индивидуальные программы: мы снимаем порчу от неудачного изучения английского с 2012 года.

Отдельно хочу обратиться к преподавателям, которые занимаются подготовкой к IELTS. Я была на вашем месте и прекрасно понимаю, как сложно бывает разобраться во всем многообразии информации. Будучи преподавателем IELTS, многие вещи я делала неправильно, хотя искренне хотела помочь своим студентам. Именно поэтому я постаралась рассказать о самых распространенных заблуждениях и о том, как обстоит дело на самом деле.

Остались вопросы?

Буду рада вашим имейлам: darcy.yana@gmail.com

Instagram: @yana_darcy. Я начала вести блог в интернете о жизни в Канаде в 1998 году. Иногда шучу, что я была блогером, когда в русском языке еще не было такого слова.

Youtube-канал: Канада без воды и ми-ми-ми.

Буду вам признательна, если вы поделитесь информацией о книге *"IELTS без мифов"* в любой социальной сети. Этим вы поможете и мне, и другим людям, которые, как и вы, хотят успешно сдать IELTS.

ЧТО ДАЛЬШЕ

БЛАГОДАРНОСТИ

Эта книга появилась во многом благодаря моим подписчикам в Instagram. Они отвечали на мои вопросы и задавали свои, делились опытом и присылали эссе. Я хочу выразить благодарность всем тем, кто каким-либо образом принял участие в написании этой книги.

Айгуль Ахмадуллина, Лилия Ахмедова, Гаиля Аубакирова, Марина Баранцева, Анна Безрукова, Адина Берик, Александра Бочарова, Влада Воловик, Оксана Ганул, Екатерина Гладышенко, Анастасия Горохова, Анастасия Зарусская, Ксения Иринархова, Анна Климова, Ирина Ковальчук, Евгения Кокорева, Наталья Конева, Валерий Кополов, Виктория Кременецкая, Марина Кутепова, Ксения Левина, Елена Лимперис, Юлия Литвинова, Оксана Максименко, Елена Маюк, Вера Менкарини, Анна Мокина, Алина Мухамадуллина, Алекс Павленко, Иванна Павленко, Тина Платонова, Лариса Посунько, Елена Ремизовская, Ольга Сафонова, Ирина Сницарюк, Екатерина Степанова, Ирина Токарева, Мария Толокольникова, Елизавета Филатова, Юлия Филипова, Анастасия Шамазова, Анна Шемаева, Ольга Шолохова, Кристина Яичникова.

И, конечно, я выражаю благодарность студенту Марку, который предпочел сохранить анонимность, но который является абсолютно реальным человеком.

Работа над этой книгой заняла гораздо больше времени, чем я предполагала: около 1500 часов. Выражаю отдельную благодарность себе, что я выжила, несмотря на отсутствие способности делегировать.

CPSIA information can be obtained
at www.ICGtesting.com
Printed in the USA
BVHW040335200720
584053BV00006B/143